道元『正法眼蔵』

仏経・無情説法 略解

早川祥賢

東北大学出版会

A Commentary to Dōgen's Bukkyō and Mujōseppō

Shōken HAYAKAWA

Tohoku University Press, Sendai

ISBN978-4-86163-382-9

目次

補注

目次

序論

本書の方針

本書では基本的に道元のテクストの論理を精密にたどることによって『正法眼蔵』の「仏経」「無情説法」両巻を読解しようと試みる。言いかえれば、われわれは「道元は何らかの観点から筋の通ったことを述べている」という前提から出発し、その「何らかの観点」を見出すことによって両巻の全体を理解可能な形で解釈する。

右の態度はいわば当たり前のものなのであるが、従来の『正法眼蔵』研究の多くは実際にはこれとまったく異なったしかたで道元のテクストを読もうとしてきた。すなわちこれらの研究は道元がわれわれとは異なった「境地」にあるということを前提とし、その「境地」は言葉で説明することができないものであると考える。するとその「研究」は必然的に、道元の論理を解明することではなく、道元の偉大さを讃仰する方向へと向かう。そして結局のところ、なぜ道元が偉大であるのかをまったく説明できずに終わる。このような方向性をとる人々が往々にして口にするのは「『正法眼蔵』は頭で読もうとしても絶対に読めない」という言葉である。しかし『正法眼蔵』が道元によってテクストとして提示されたものである以上、われわれはいずれにせよそれをまず頭で読むことから始めざるを得ない。そして、もし道元が真に偉大であるのならば、その偉大さは道元の遺したテクストに即して証明される必要がある。(1) 要するに、われわれは他のあらゆる文献を読むのと同じ態度で『正法眼蔵』に臨むべきなのである。

従来の諸研究に見られるもうひとつの問題は、その多くが詮慧・経豪の註釈『正法眼蔵抄』を直接・間接の出発点としているという点である。詮慧は道元の直弟子であり、古註の権威は伝統的な曹洞宗学においては絶大なものであったが、この註釈の質については近年重大な疑問が呈されるようになってきている。[2] すなわち、詮慧らの註によって『正法眼蔵』本文を読んでも、道元が何を言おうとしているのかを少しも理解できないのである。筆者は『正法眼蔵抄』には部分的に正しい情報も含まれていると見ており、その全体が無価値だとは考えていないが、[3] この註釈に基づいて七百年以上の間積み重ねられた努力がそれに見合った成果を生み出していない以上、これを安易に研究の出発点とすることはできない。詮慧・経豪の解釈と筆者の見解とが一致する箇所については、重要と思われる場合に限ってその旨を注に記した。

道元について

ここで道元に関する基本的な情報を簡単に整理しておこう。[4]

道元は鎌倉時代初期から中期にかけての人物である。道元の著作の中に自身の生年に関する記述は見当たらないが、各種伝記史料[5]によれば正治二年（西暦一二〇〇年）の生まれであるという。ちなみにこの前年には源頼朝が死去しており、東国では鎌倉幕府内部での内紛から梶原景時、源頼家などといった人物の暗殺が続くようになる。俗系の細部については不明の部分が多いものの、上級の公家の家系に属する人物であるという点に疑いを差しはさむ必要はないであろう。[6] 若くして出家し比叡山で修学したとされるが、早い時期に下山し、建仁寺の明全の下で臨済宗の禅を学んだ。[7] この間に源実朝の暗殺、承久の乱といった政治的事件が発生し、公家の権力が武家に対して完全に屈服する状況となっている。

貞応二年（宋の嘉定十六年、西暦一二二三年）、道元は明全とともに宋（南宋）に渡る。[8] 道元自身が述べるところによれば、宋ではまず浙江両岸の諸寺院を渡り歩いたという。[9] 三年間の遍歴の後、宋の宝慶元年（日本の元仁二年、西暦一二二五年）に天童如浄のもとに参じ、[10] 以後は帰国まで天童山にとどまって如浄の教えを受けた。当時の宋では臨済宗が圧倒的に優勢であったが、如浄は雪竇智鑑に嗣法した曹洞宗系統の人物であった。もっとも、如浄自身はあまり曹洞・臨済の区別にこだわらない人物であったらしい。[11] 明全は宝慶元年に天童山で客死し、道元はその戒牒に奥書を附している。[12]

嘉禄三年（安貞元年、宋の宝慶三年、西暦一二二七年）に道元は帰国する。[13] この年に『普勧坐禅儀』の最初のバージョンが著されている。[14] 翌安貞二年に京に入り、[15] しばらく建仁寺に寄寓した後、[16] やがて深草の地に移る。寛喜三年（西暦一二三一年）には『弁道話』が書かれ、[17] その二年後の天福元年（西暦一二三三年）には後に『正法眼蔵』に採録される「現成公案」巻と「摩訶般若波羅蜜」巻が執筆されている。この頃、深草に興聖寺を開く。[18] 嘉禎二年（西暦一二三六年）に行われた興聖寺僧堂の開堂説法は『永平広録』劈頭に収録されている。

深草時代には多くの弟子たちが道元の下に参じたようである。[19] これには日本達磨宗の人々が多く含まれており、後に道元の後継者となる懐奘もそのひとりである。しかしここで重大な事件が発生する。急速に成長しつつあった道元の僧団が比叡山からの圧迫を受け、興聖寺が破却されるのである。[20] 道元は結局この後寛元元年（西暦一二四三年）に越前国志比荘の地頭波多野義重に迎えられて入越し、翌寛元二年に大仏寺を開くことになる。ちなみにこの名は寛元四年に「永平寺」に改められて今日に至っている。

ところで、比叡山との軋轢とほぼ同時に、道元の心情に深い影を落としたと考えられるもうひとつのできごとがあった。京の東山に藤原一族の氏寺として東福寺が建立され、宋で臨済宗の禅を学んだ円爾が寛元二年にその住持として招聘されたのである。[21] 道元はおそらく、この人事の進行を察知していたであろう。寛元元年を境として、『正法眼蔵』の多くの巻に臨済への激烈な批判の言葉が見られるようになる。しかしこうした批判は読者の共感を呼ぶものとは言い難く、むしろそこに見て取れるのは道元の心の動揺である。[22]

道元の越前下向は、有り体に言えば都落ちであった。道元はその後宝治元年（西暦一二四七年）に鎌倉へ赴いて教化を行っているが、[23] これも不首尾に終わったらしい。没年は建長五年（西暦一二五三年）、伝記史料のとおり正治二年生まれとするならば満五三歳没である。懐奘は道元の絶筆となった「八大人覚」巻の奥書に、病死であった旨を記している。

『正法眼蔵』とその他の著作

次に道元の著作の主なものについて、ごく基礎的なことがらを確認しておこう。

道元の『正法眼蔵』には和文による仮字『正法眼蔵』と漢文による真字『正法眼蔵』のふたつがあり、単に『正法眼蔵』と言ったときには和文の『正法眼蔵』を指すのが普通である。真字『正法眼蔵』の方は道元が編纂した古則公案集である。ちなみに宋の大慧宗杲にも『正法眼蔵』という書物があり、道元は自著のタイトルをここから借用したようである。

仮字『正法眼蔵』（以下単に『正法眼蔵』とする）は古来七十五巻本、十二巻本、六十巻本、二十八巻本などの諸本として伝わっており、さらに江戸時代にはこれらに加えて九十五巻本が編纂されている。現代の刊本では七十五巻本と十二巻本を併せた八十七巻を基本とするのが一般的である。七十五巻本の多くの巻の末尾には奥書として示衆もしくは執筆の日付、および書写の日付が記されており、これらは執筆の日付における決定稿とみなしてよい。これに対して十二巻本は道元の草稿を集めたものである。十二巻本所収の草稿群は道元の最晩年に書かれたものと推測されている。近年、十二巻本の道元が七十五巻本の道元とはまったく異なった方向を向いていたのではないかという問題提起がなされ、活発な議論が行われている。

『正法眼蔵』とならぶ道元の主著として『永平広録』があるが、これは漢文によって、中国禅の語録の形式に従って書かれたものである。ここで、『永平広録』が公的な性格をもつものであるという点には注意が必要である。[24] すなわち、『正法眼蔵』が道元の弟子たちにのみ読まれることを前提とした私文書であるのに対し、『永平広録』は中国人の禅僧によって読まれ、評価を受けることをも想定している。このため、前節で触れた激しい臨済批判のようなものは『永平広録』には見られない。執筆年代から見ると、『正法眼蔵』の大部分の巻が大仏寺（永平寺）開山以前に書かれているのに対し、『永平広録』上堂の大部分は開山以後のものである。[25]

道元研究において事実上中心的な位置を占めているのが、深草時代に著された『弁道話』である。七十五巻本『正法眼蔵』を中心に据えて議論を行おうとしても、研究者の間での解釈の隔たりがあまりにも大きすぎるためにそもそも議論が成立しないことが多い。このため、晩年の道元の思想を問題とする場合以外には、より読みやすい『弁道話』に基づいて議論が行われる傾向にある。ちなみに『弁道話』は近年の『正法眼蔵』刊本の多くに収録されているが、本来『正法眼蔵』に属するものではない。

『弁道話』と比較的近い時期に書かれたものとして『学道用心集』があり、その最初の部分には天福二年の日付が記されている。これは天福本『普勧坐禅儀』とならんで初期の道元の思想を理解するために重要な文献である。

以上のほか、道元が在宋中に如浄との間に交わした質疑応答の記録である『宝慶記』も、如浄と道元の関係を推測するために重要なものである。

「仏経」巻と「無情説法」巻

すでに述べたように、道元は寛元元年に京を去り、越前国志比荘に入っている。「仏経」と「無情説法」は、この移動の直後に道元が行った一連の興味深い示衆の一部をなすものである。両巻はいずれも七十五巻本『正法眼蔵』に収録されており、奥付によれば「仏経」巻は寛元元年九月、「無情説法」巻は同年十月二日の示衆である。つまりこれらふたつの間の日数は最小一日、最大でも約ひと月であり、内容的にも両者は互いに密接にかかわり合っている。[26]

筆者の解釈では、「仏経」巻は「われわれが生きているこの世界は実はひとつの巨大な経典（仏経）である」という道元の基本的な世界観を提示するものである。「経」というのは仏の説法であるので、このような考え方を「説法世界論」と呼ぶことにしよう。「無情説法」巻はこの世界観を前提として、「伝法」に関する独自の考え方を提示している。「釈迦からまっすぐに伝えられた真正の教え」というモチーフは道元の著作の随所に見られるきわめて重要なものであり、これら両巻は道元の思想を理解するための鍵を提供していると言ってよい。「無情説法」は近年、日本仏教における仏性に関する議論の高まりとともに研究者の注目を集めるようになってきているが、「仏経」巻と「無情説法」巻の関係について十分に考察した研究は見当たらないようである。本書はこの従来顧みられることのなかった方向からこの両巻に光をあてることを試みる。

両巻の構成

読者の便宜のため、あらかじめ両巻の全体的な構成を示しておきたい。

「仏経」巻は比較的単純な構成をとっており、大きく分けて前半と後半のふたつの部分からなる。前半部（本書の区分では初段から第十五段）では前項で触れた道元の基本的な世界観が提示される。後半部（第十六段から最後まで）では前半で提示された世界観の延長線上に、臨済らへの激烈な批判が展開されている。

「無情説法」巻は五つの部分からなり、「仏経」の世界観に基づきつつ、「伝法の連続性はいかにして可能か」という問題について論じている。

導入部（本書の区分では初段から第二段）では「仏経」の世界観が「伝法」というテーマに関連づけられる。

次に無情説法に関する慧忠の問答がとりあげられる（第三段から第十段）。この「無情説法」とは、「仏経」巻で「経」と呼ばれているものと同じものであると考えられる。

続いて同じく無情説法に関する洞山と雲巌の問答がとりあげられる（第十一段から第二十四段）。ここで道元は「伝法の連続性」の問題への解決を提示している。

これに続く部分では、如浄の「葫蘆藤種纏葫蘆」という言葉がとりあげられている（第二十五段から第二十七段）。この言葉も「伝法」というテーマに関連づけられており、同じ問題をさらに深く掘り下げている。最後に無情説法に関する投子大同の問答がとりあげられ（第二十八段から最終段）、本巻の結びとなっている。

『正法眼蔵』に引用されている問答について

『正法眼蔵』の多くの巻では「祖師たちの問答に対して道元がコメントを付す」という叙述の形式がとられている。本書で扱うふたつの巻のうちでは、「無情説法」巻がこれに該当する。この場合、道元によって引用された問答の「本来の意味」とその問答に対する「道元の解釈」との関係が問題となる。この点については注意が必要であるので、ここで筆者の考え方を明らかにしておきたい。

言うまでもないことだが、道元の解釈が問答の「本来の意味」を正確に再現しているとは限らない。そもそれらの問答の引用元となっている『景徳伝燈録』などのテクストが個々の問答の「本来の形」を表しているのかどうかもわからず、またこれらの問答は道元の時代から数百年も前に記録されたものでもある。道元が『正法眼蔵』において常に問答の「本来の意味」を捉えていると考えるのは、あまりにも楽天的だろう。[27] このように考えた場合、われわれが『正法眼蔵』を読解する際の方法論に関する問題が浮かび上がってくる。すなわち、道元がある問答について論じている際に、その問答を起点として道元のテクストに関する議論を行うのは不適切なのである。[28] たとえば道元が慧忠の問答を取り上げている箇所で「まず慧忠の問答の意味を正しく理解し、それに基づいて道元のコメントを解釈する」というアプローチをとるのは誤りである。

慧忠の問答はあくまで、道元のテクストの内部で読まれなくてはならない。言い換えれば、『正法眼蔵』に引用された問答を読解する際にわれわれの研究の対象となるのは「その問答の本来の意味」ではなく「その問答に対する道元の解釈」なのであり、またこの道元の解釈の再構成は『正法眼蔵』の「地の文」の解釈と同時に行われる必要がある。

右のことから、われわれは『正法眼蔵』テクストの読解に際して、「テクストにおける道元の意図を、その中で問答がどのように使われているかを考慮しながら、その問答についての道元の解釈をふくめて再構成する」というしかたで作業を進める。問答の「本来の意味」に関する考証は、基本的にはわれわれのプログラムに含まれていない。(29)

註（序論）

(1)ちなみに、筆者は「道元は偉大である」という命題を否定しようとしているわけではない。しかしこの命題は決して『正法眼蔵』研究の出発点とされてはならない。「道元は偉大である」という命題を出発点とした諸研究が描き出している道元の像は、研究者の意に反してきわめて凡庸な思想家である。もしくは、「思想家」と呼ぶに値しない人物である。

(2)松岡由香子の一連の研究、特に『現成公按私釈』（東京図書出版　平成一九年）、および拙著『現成公案略解』（東北大学出版会　平成二一年）を参照。宗学研究者たちはおそらく古註の質の問題に気づいているであろう。しかし、彼らにはそれを表立ってはっきり認める勇気がない。松岡の研究には筆者が同意できない解釈も多く含まれているが、その勇気には深い敬意を表したい。
(3)前掲『現成公案略解』「附論三『正法眼蔵抄』の資料的価値について」を参照。
(4)道元の伝記的研究には大久保道舟『改訂増補　道元禅師伝の研究』(昭和四一年　筑摩書房、復刻版昭和六三年　名著普及会)、中世古祥道『道元禅師伝研究』正・続(国書刊行会　平成九年)などがある。何燕生『道元と中国禅思想』(法蔵館　平成十二年)の第一部「道元の人と著作」は先行の諸研究を簡潔・的確にまとめていて便利である。
(5)道元に関する伝記史料のうち最も古いものと考えられているのは『永平寺三祖行業記』で、室町時代初頭の成立と推定されている。異本として『元祖孤雲徹通三大尊行状記』がある。虎関師錬の『元亨釈書』には道元に関する簡略な記述がある。永平寺第十四世建撕撰述の『建撕記』は江戸時代の面山補訂本によって知られていたが、面山本には粉飾が多く、現在ではより古い写本に基づく河村孝道『諸本対校永平開山道元禅師行状建撕記』(大修館書店　昭和五十年)が使われている。また、比較的最近に吉田道興『道元禅師傳記史料集成』(あるむ　平成二六年)が出版されている。
(6)『永平広録』で道元自身が自ら述べているところでは、彼の「育父」は「源亜相」と呼ばれる人物であったという(『永平広録』巻五―三六三、巻七―五二四)。同時代に「源亜相」と呼ばれた可能性のある人物は複数存在しており、大久保道舟は「源亜相」に該当し得る十一人の人物の名を列挙している(大久保前掲書四九―五〇頁)。ちなみに「育父」という語が正確に何を指しているのかは必ずしも自明ではない。文字通り「育ての親」を指しているようでもあるが、俗縁の父(産みの親)を指している可能性もある(大久保前掲書五四頁、中世古前掲書正五三―五四頁)。ちなみに現時点では道元を堀川大納言源通具の子とする説が研究者の間で有力のようである。

（7）『弁道話』に「予、発心求法よりこのかた、わが朝の遍方に知識をとぶらひき。ちなみに建仁の全公をみる。あひしたがふ霜華すみやかに九廻をへたり」とある（岩波文庫版『正法眼蔵』第一巻十二頁）。これによれば道元は建仁寺で九年間修学したように見える。しかし、大久保道舟の考証によれば、該当の文は「道元が明全に参じてから渡宋まで九年」という意味ではなく、「道元が明全に参じてから天童山で明全の入寂を看取るまで九年」という意味だという（大久保前掲書八四―八七頁）。明全の入寂は宝慶元年（西暦一二二五年）五月であるので、これに従って逆算すると道元が建仁寺に入ったのは建保五年（西暦一二一七年）となり、明全に参じてから渡宋までは約六年ということになる。

（8）『正法眼蔵』「洗面」巻に、「嘉定十六年癸未四月のなかに、はじめて大宋に諸山諸寺をみるに」とある（岩波文庫版『正法眼蔵』第三巻一三三頁）。

（9）『弁道話』に「予、かさねて大宋国におもむき、知識を両浙にとぶらひ、家風を五門にきく」とある（岩波文庫版『正法眼蔵』第一巻十二頁）。

（10）『正法眼蔵』「面受」巻に「大宋宝慶元年乙酉五月一日」とある。（岩波文庫版『正法眼蔵』第三巻一四三頁および一五二頁）

（11）この点については鏡島元隆『天童如浄禅師の研究』（春秋社　昭和五八年）序章を参照。

（12）「明全戒牒奥書」（『原文対照現代語訳　道元禅師全集』第十七巻一四四頁）。

（13）「普勧坐禅儀撰述由来」に、「予、先の嘉禄中、宋土より本国に帰りしに」とある（『原文対照現代語訳道元禅師全集』第十四巻三頁）。

(14)前注を参照。『弁道話』にも「その坐禅の儀則は、すぎぬる嘉禄のころ撰集せし「普勧坐禅儀」に依行すべし」とある（岩波文庫版『正法眼蔵』第一巻四八頁）。

(15)『弁道話』に「大宋紹定のはじめ、本郷にかへりしすなはち、弘法救生をおもひとせり」とあることによる（岩波文庫版『正法眼蔵』第一巻一二頁）。南宋の紹定元年は日本の安貞二年に相当する。ちなみに「本郷」は日本国ではなく京を指していると考えられる。

(16)『典座教訓』に「山僧、帰国してより以降、錫を建仁に駐むること一両三年なり」とある（『原文対照現代語訳　道元禅師全集』第十五巻二一頁、原文は同三四四頁）。

(17)『弁道話』には「貧道はいま雲遊萍寄をこととすれば」と述べられており（岩波文庫版『正法眼蔵』第一巻十三頁）、これは「まだ決まった住所がない」という意味であると考えられるので、道元はおそらくこの頃、深草に移って間もなかったのであろう。

(18)「摩訶般若波羅蜜」巻および同年の天福本『普勧坐禅儀』の奥書には「観音導利院」という名が見えており、これがしばらくして「興聖寺」と称されることになったらしい。「仏性」巻などの奥書には「観音導利興聖宝林寺示衆」という記述がある。

(19)大久保前掲書第九章および中世古前掲書正第七章を参照。

(20)『渓嵐拾葉集』第九の記事（大正蔵七六巻五三九頁下―五四〇頁上）による。大久保前掲書一九〇頁以下、中世古前掲書正三三〇頁以下を参照。中世古は寛元元年四月六波羅蜜寺における道元の「古仏心」示衆がこの事件の直接の原因となったのではないかと示唆している（中世古前掲書正三三四頁）。

(21)柳田聖山「道元と臨済」（『理想』第五一三号　昭和五一年）七五―七六頁。

(22)柳田聖山はこれを「負け犬の論理」と呼んでいる(柳田前掲論文八八頁)。
(23)『永平広録』巻三―二五一の記述による(『原文対照現代語訳　道元禅師全集』第十巻二一五頁)。
(24)柳田前掲論文七五―七七頁を参照。
(25)この点は道元の執筆一般にかかわる動機に変化があったことを示唆しているかもしれない。柳田前掲論文七七頁を参照。
(26)『御聴書抄』に、「さきの無情説法と、今の佛経と、只一なり、聊も其心不可違」とある(『正法眼蔵註解全書』第六巻五〇八頁)。このコメントは正しい。
(27)ちなみに、「本来の意味とは異なった解釈」が「劣った解釈」であるとは限らない。筆者が言いたいのは、『正法眼蔵』に引用された祖師たちの問答は基本的に道元によるアプロプリエーションとして扱われるべきだということである。
(28)古註に対して批判的な立場をとっている諸研究にも、この点に関して十分意識的でないものは多い。
(29)如浄が祖録に関する良質な情報を伝承していた可能性もあり、道元の解釈が問答の「本来の意味」を推定する上での参考となることもあり得るだろう。しかし本書では、本書で扱った巻にふくまれる問答に関する道元の解釈がその問答の「本来の意味」と合致しているかどうかという点を主題とはしない。

仏経　本文・現代語訳・略解

凡例

- 本文は二段組とし、上段に原文、下段に現代語訳を載せた。
- 「仏経」巻本文は水野弥穂子校注の岩波文庫版『正法眼蔵』（平成二―五年）第三巻によっている。ただしふりがなは省略した。
- 段落番号は本書の筆者が便宜的に付したものであり、底本にはない。
- 『全集』とあるのは『原文対照現代語訳　道元禅師全集』（春秋社　平成十一―二五年）である。
- 古註類の引用は『正法眼蔵註解全書』（無我山房　大正二年）によっている。

このなかに、教菩薩法あり、教諸仏法あり

このなかに、教菩薩法あり、教諸仏法あり。おなじくこれ大道の調度なり。調度ぬしにしたがふ、ぬし調度をつかふ。これによりて、西天東地の仏祖、かならず或従知識、或従経巻の正当恁麼時、おの〳〵発意・修行・証果、かつて間隙あらざるものなり。発意も経巻知識により、修行も経巻知識による、証果も経巻知識に一親なり。機先句後、おなじく経巻知識に同参なり。機中句裏、おなじく経巻知識に同参なり。（一）

この［経の］中に、菩薩に教える教えがあり、諸仏に教える教えがある。これらはどちらも［仏家の］大いなる道［にあわせてしつらえられた］調度品である。調度品というものは家の主［の意図］にしたがって［作られて］おり、家の主が調度品を［意のままに］使うのである。これによって、インド・中国の仏たちや祖師たちが必ずすぐれた指導者に従ったり経巻に従ったりして［修行するようになっているのであり］、まさにその時に、［仏や祖師たち］皆それぞれに「菩提心を起こすこと」「修行」「さとりを得ること」が間隙なく［循環することができていた］のである。「菩提心を起こすこと」も経巻とすぐれた指導者によるものであり、「修行」も経巻とすぐれた指導者によるものである。「さとりを得ること」も経巻およびすぐれた指導者と密接な関係にある。ひらめきが浮かぶ前も、それを言葉で表現し

た後も、［修行者は］いつも経巻およびすぐれた指導者とともにある。ひらめきの発しているその瞬間も、それを言葉で表現している最中も、いつも経巻およびすぐれた指導者とともにある。

［略解］

ここでは何の前置きもなく突然話がはじまっているような印象を受けるが、これはおそらくこの巻がもともと別の巻に接続する形で書かれたことを示しているだろう。内容的に見て、この冒頭の部分に先行しているのは「諸法実相」巻であると考えられる。（この点については補注「「仏経」巻と「諸法実相」巻」を参照。）

この冒頭の段で道元が焦点をあてているのは、「仏たちや祖師たちはいかにして正しい修行に導かれるのか」という問題である。しかしここにはいくつか単語レベルの問題があるので、煩瑣ではあるがまずこれらの語句が何を指しているかを確認しておきたい。

「このなか」とは「この経の中」であると考えられる。道元は「諸法実相」巻の中で法華経法師品の「一切菩薩阿耨多羅三藐三菩提、皆属此経。此経開方便門、示真実相」という句を引用し、そこに現れる「此経」という語について詳しく述べているのであるが、この法師品のテクスト中の「此経」は法華経自体を指している。本巻の「仏経」もしくは「経巻」は第三段で述べられるようにこの世界全体を記述する巨大なものであるが、おそらく道元はこれをいわば無限大に拡張された法華経としてイメージしているであろう。「教菩薩法」は法華経序品などに見られる語で、「菩薩たちに教える教え」という意味である。ここで「このなかに、教菩薩法あり、教諸仏法あり」という文が暗に示しているのは、「仏教のもっとも重要な教えはすべて経典に記述されている」ということである。言い換えれば、これらの教えは「不立文字」ではない。この考え方は本巻後半における臨済らに対する批判の中心的な根拠となっている。ちなみに「教諸仏法」という語は道元独自のものであるらしい。この語は「経」と「仏」が対等のものであることを示唆している。(1)

次の文の「調度」という語にも若干の注意が必要である。ここでは「教菩薩法」「教諸仏法」が「大道の調度」であると述べられているが、これが意味しているのは、「教菩薩法」「教諸仏法」が「大道」というシステム全体にぴったりと合うように設計されたサブシステムだということであろう。「純正部品」と言ってもいいかもしれない。

「これによりて」以下の文は一見単純だが、実際にはいくつかの問題をふくんでいる。まず、文中の「かならず」という言葉は一見したところ奇妙な位置にある。主要な先行研究はこの「かならず」が「或従知識、或従経巻」の「従」の字にかかっているものと解釈しており、(2)本書でもこれに従う。ちなみにこの場合、「かならず」という語によって「仏祖たちが善知識や経巻に従って修行するのは偶然ではなく、システムの制御下にある必然だ」ということが示唆されていることになる。「或従知識、或従経巻」という句は『摩訶止観』巻一下に見られるものである。(3)この句も道元の「反＝不立文字」の立場を示すものと見てよいであろう。

「これによりて」以下の文でもうひとつ注意すべき点は、文中の「発意、修行、証果、かつて間隙あらざるものなり」という文がいわゆる「行持道環」を暗示しているということである。(4)これは『正法眼蔵』の随所に見られる道元の基本思想で、直線的にさとりをめざすような修行のあり方に対立する、循環的な修行観である。すなわちこのような修行においては、さとりは究極的目標としてめざされていない。ここではおそらく、「正しい修行のあり方」をこの行持道環で代表させているのであろう。

すでに述べたように、この冒頭の段の主題は「仏たちや祖師たちはいかにして正しい修行に導かれるのか」という問題、言いかえれば「仏たちが行っていることはなぜ正しいのか」という問題である。道元はここで「教理」レベルから「メタ教理」レベルに一歩踏み出していると言ってもよいかもしれない。道元によれば「正しい修行」の「正しさ」はその「修行」が内属しているところのシステム全体によって規定されたものであり、そのシステムはここで「大道」と呼ばれている。以下の各段で明らかになっていくように、この「大道」とは宇宙的な「経」である。道元はさらに、修行の各段階、および師匠の弟子に対する具体的な指導のあり方といったものもこのシステムによって規定されたものなのだと言う。ここで暗黙に示唆されているのは、いわゆる「教外別伝」「不立文字」の教えなどというものは実際には存在せず、すべては経に記述されているのだということである。

知識はかならず経巻を通利す

知識はかならず経巻を通利す。通利すといふは、経巻を国土とし、経巻を身心とす。経巻を為他の施設とせり、経巻を坐臥経行とせり。経巻を父母とし、経巻を児孫とせり。経巻を行解とせるがゆゑに、これ知識の経巻を参究せるなり。知識の洗面喫茶、こ

すぐれた指導者たちは必ず経巻に通暁している。「通暁している」というのは、経巻を「自分自身の」国土とし、経巻を「自分自身の」身心としているということである。「彼ら・彼女らは」経巻を他者「を救う」ための手立てとする。経巻を「日常生活の」

れ古経なり。経巻の知識を出生するといふは、黄蘗の六十拄杖よく児孫を生長せしめ、黄梅の打三杖よく伝衣附法せしむるのみにあらず、桃花をみて悟道し、竹響をきゝて悟道する、および見明星悟道、みなこれ経巻の知識を生長せしむるなり。あるいはまなこをえて経巻をうる皮袋拳頭あり、あるいは経巻をえてまなこをうる木杓漆桶あり。（二）

行住坐臥とする。経巻を父母とし、経巻を子や孫とする。［彼ら・彼女らは］経巻を［自分自身の］修行とし、学びとするのであるから、つまり指導者たちは経巻を究明しようとしているのだということになる。すぐれた指導者が顔を洗ったり茶を飲んだりするのも、［それそのものが］永劫の昔から伝わる経なのである。「経巻がすぐれた指導者を生み出す」ということは、「黄檗が［臨済に］六十拄杖を与えて法統を発展させた」とか、「弘忍が杖で［石臼を］三回打って［慧能に菩提達磨の］衣と法を伝えた」といったことのみにはとどまらない。［霊雲志勤が］桃花を見て悟道したり、［香厳智閑が］竹の響きを聞いて悟道したり、あるいは［釈迦如来が］明星を見て悟道したりしたのも、みな経巻がすぐれた指導者を生み育てた例なのである。あるいは［法の］眼を得ることによって経巻を得た者たちもおり、あるいは経巻を得ることによって［法の］眼を得た者たちもいる。

［略解］

前の段落では「経巻」と「すぐれた指導者」が並置されていたが、この段落では「すぐれた指導者」も結局のところ「経巻」から生まれるものだと述べている。すぐれた指導者にとって経巻とはすべてであり、彼ら彼女らは経巻を学ぶことによって指導者となるのである。

段落の後半では祖師たちのさとりに関する故事に触れている。このうち、「黄檗の六十拄杖」と「黄梅の打三枚」の例が「すぐれた師による指導によってさとりが得られた」例であるのに対し、「桃花」「竹響」「明星」の例では指導者の直接の介在なく自然物を縁としてさとりが得られている。しかし道元によればいずれの場合にも実は経巻が指導者を育てているのだという。「皮袋拳頭」と「木杓漆桶」はここでは特に深い意味はないように思われるので、単に「人々」と訳した。

いはゆる経巻は、尽十方界これなり

いはゆる経巻は、尽十方界これなり。経巻にあらざる時処なし。勝義諦の文字をもちゐ、世俗諦の文字をもちゐ、あるいは天上の文字をもちゐ、あるいは人間の文字をもちゐ、あるいは畜生道の文字をもちゐ、あるいは修羅道の文字をもちゐ、あるいは百草の文字をもちゐ、あるいは万木の文字をもちゐる。

ここに言うところの「経巻」とは、世界全体のことである。いかなる時点・いかなる場所であろうとも、経巻にないものはない。［経巻は］真の世界の文字を用いることも世俗の世界の文字を用いることもあり、あるいは天上の文字や人間世界の文字、畜生の文字や修羅の文字、草々の文字や木々の文字をこのゆゑに、尽十方界に森々として羅列せる長短方円、青黄赤白、しかしながら経巻の文字なり、経巻の表面なり。これを大道の調度とし、仏家の経巻とせり。（三）

用いていることもある。こういうわけで、世界全体にびっしりと並んださまざまな大きさ・形・色彩をもつ諸物はすべてみな経巻の文字であり、経巻の表面である。これを［仏家の］大道の調度品とし、仏家の経巻としているのである。

［略解］

前段落までは「経巻」という語が何を指しているのかがやや曖昧にされていたが、ここにおいてそれがわれわれの日常的に眼にする書冊とは異なった何かであるということが明らかにされる。すなわち「経巻」とは「尽十方界」であるという。まずこの等式の意味について考えてみたい[5]。

「尽十方界」とは要するにこの世界、われわれがその中で生きているところの世界の全体である。われわれはその全体を俯瞰することはできないが、その一端を実際に経験して知ることができる。そこには方角があり、距離があり、時間もある。その意味でこれは原理的に経験可能な世界であると言ってよい。しかし道元は、この尽十方界が同時に「経巻」でもあるという。われわれの「経験的世界」そのものであると同時にテクストでもあるようなものとは、一体何なのだろうか。

　ここで道元が述べていることを文字通りに理解するとすれば、われわれの経験しているこの世界はひとつの巨大な経典であり、われわれはその経の中の登場人物だということになる。言うまでもなく、われわれが実在でも何でもないということは大乗仏教では当たり前の考え方で特に驚くべきことではない。重要なのは、

「われわれは経の中にいる」という点である。すでに序論で述べたように、このような考え方を本書では「説法世界論」と呼ぶ。説法世界論は実のところいわゆるシミュレーション仮説によって示唆されているものに近いものである。（この点については補注「説法世界論とシミュレーション」を参照。）

「尽十方界に森々として羅列せる長短方円、青黄赤白、しかしながら経巻の文字なり、経巻の表面なり」という文も興味深い。「経巻の表面」とは何だろうか。そこには「長短方円、青黄赤白」が描出されているという。これはすなわち、さまざまな外観をもつ「物」の世界である。しかし「表」がある以上「裏」があるだろう。この世界を「裏」から眺めた場合に見えるのは、この世界を記述している経典、われわれがその中に存在しているところの経典のテクストに違いない。

道元はこの「経巻」を世界の完全な記述であると考えているらしい。この点はこの段落の第二の文「経巻にあらざる時処なし」から推測することができる。すなわちこの文は、「世界の中におけるすべての空間的・時間的位置情報は経巻に記述されている」という意味である。(6)

この経巻、よく蓋時に流布し、蓋国に流通す

この経巻、よく蓋時に流布し、蓋国に流通す。教人の門をひらきて尽地の人家をすてず、教物の門をひらきて尽地の物類をすくふ。教諸仏し、教菩薩するに、尽地尽界なるなり。開方便門し、開住位門し

この経巻は、時間全体にわたって広がり、国土全体を覆い流れている。人に教えるとなれば大地のあらゆる人々をもらさず、物に教えるとなれば大地のあらゆる物を救う。諸仏に教えを垂れ、菩薩に教え

て、一箇半箇をすてず、示真実相するなり。この正恁麼時、あるいは諸仏、あるいは菩薩の慮知念覚と無慮知念覚と、みづからおの〱強為にあらざれども、この経巻をうるを、各面の大期とせり。(四)

を垂れて、大地全体・世界全体を網羅する。方便の門を開き、住法位の門を開いて、ひとりの人も見捨てず、真実のあり方を示すのである。まさにこの時、諸仏・諸菩薩は——その心意識のうちで、もしくは心意識の停止した状態において——それぞれ自らにそれを強いることなくとも、この経巻を得ることを各々の大きな願いとしているのである。

［略解］

「開方便門」という語は法華経法師品に見え、「開住位門」は法華経方便品の「住法位」という語を強く連想させるものである。おそらくこれが指しているのは「住法位への入り口」である。このふたつの語についてはいくらか注意すべき点がある。ひとつは、道元が『正法眼蔵』の別の箇所で「住法位」という概念によって、過去から未来にいたる物事の状態がいわば無時間的に並列しているような世界を指しているという点である。(7)「開住位門」が「住法位を開く門」を意味しているのであれば、この語が「仏経」巻に現れているのはおそらく偶然ではない。文字によって記述された世界とは、無時間的なものだからである。

「開方便門」「開住位門」についてもうひとつ注意すべき点は、それがこの世界の中の何らかの特異点を指しているのではないらしいということである。経巻は「蓋時に流布し、蓋国に流通」していると述べられている。おそらくわれわれの経験的世界から経巻の世界への入り口はたとえば寺院とか修行道場とかいった特定の場所にのみあるわけではなく、現象世界のあらゆる場所・あらゆる時点において開かれ得るものなのである。

段落最後の文の「みづからおの〳〵強為にあらざれども」という句の意図は一見したところではわかりづらいが、これはおそらく第一段の「仏たちや祖師たちはいかにして正しい修行に導かれるのか」という問いを意識しているものと考えられる。すべては経に記述されていることであるために、諸仏諸菩薩は自らに強いることなく自然かつ必然的に経巻へと導かれていくのである。

必得是経のときは、古今にあらず

必得是経のときは、古今にあらず、古今は得経の時節なるがゆゑに。尽十方界の目前に現前せるは、これ得是経なり。この経を読誦通利するに、仏智、自然智、無師智、こゝろよりさきに現成し、身よりさきに現成す。このとき、新条の特地とあやしむことなし。この経のわれらに受持読誦せらるゝは、経のわれらを接取するなり。文先句外、向下節上の消息、すみやかに散花貫花なり。（五）

［法華経の普賢菩薩勧発品に言う］「必ずこの経を得る」という時は、過去というわけでも現在というわけでもない。というのは、過去も現在も［みな］経を得る時節であるからである。［「この経を得る」とはどういうことかというと、］世界全体が現前することが「この経を得る」ということである。［ではどのようにそれが起きるかというと、次のとおりである。］この経を読誦し、これに通暁すると、仏智、自然智、無師智が、［自分の］心より先に現れ、［自

分の」身体より先に現れる。この時、「この境地を」、「新しい特別な境地だ」と不思議に思うことはない。この経がわれわれによって受持され読誦されるということは、経がわれわれを収め取るということなのである。言葉に先立ち、言葉の外にあって「経の」言葉の筋道が「保たれる」あり方は、「『善見律毘婆沙』に述べられているように」「散る花を糸ですばやく貫く」といったものである。

［略解］

段落冒頭の文は一見自己矛盾的に見えるが、「古今にあらず」を「古でも今でもない」と解釈し、次の「古今」を「古今のすべての時点」と解釈すれば一応整合的に理解できる。(8) この場合、この文は「『経』の世界へ入って行ける特定の時があるわけではなく、いつ入って行くことも可能だ」という意味になる。次の「尽十方界の目前に現前せるは、これ得是経なり」は、「無情説法」巻で述べられる「眼処聞声」の状態を暗示しているように思われる。この点については本書の「無情説法」巻第二十五―二十七段に関する議論を参照。

「この経を読誦通利するに」の文は難解だが、これについてはまず後続の「この経のわれらに受持読誦せらるゝは、経のわれらを接取するなり」から考えるのがよさそうである。「この経」が現象世界内部で紙の上に書かれた経典を指しているのか世界としての経を直接指しているのかはわからないが、いずれにせよここで道元が述べているのは、「『受持読誦』という一見能動的な行為は、『経』という客体に『われら』という主体が意識的にアプローチすることなのではなく、逆に『経』のほうが意識の外において『われら』を捉え、収め取る行為なのだ」ということである。すると前の「この経を読誦通利するに」で提示されているのは経がわれわれを「接取する」プロセスの隠密性に関する説明であると考えられる。これによって前後の論旨を再構成すると次のようになる。「仏経にアクセスすることはわれわれにとって常に可能である。（そのアクセスはどのように実現するかというと、）主体として能動的に『経』にアプローチしようとするのをやめ、『経』に収め取られてしまえばよいのである。」ちなみに、「無情説法」巻第二十一―二十四段に見られる洞山の思考の道筋の背後にはこれと同じ前提がある。

「仏智、自然智、無師智」は法華経譬喩品の「火宅の喩え」からの引用である。ここにも「救われている当人が意識しない間に仏の力が及んでいる」というテーマが暗示されており、その次の「こゝろよりさきに現成し、身よりさきに現成す」と符合している。すなわち、「仏智、自然智、無師智」は心身に構造的に先行する「経」のレベルにかかわるものであり、したがって現象的な自己によって「新条の特地」として認識されることがないのである。(9)

段落の最後の文もきわめて難解だが、『善見律毘婆沙』巻一に「問曰、何謂為綖。答曰、譬如散花以綖貫穿、風吹不散。修多羅者、亦復如是、貫諸法相、亦不分散」という文があり、(10)そこでは「経」というものが「もののさまざまなあり方を貫く糸」として捉えられているようである。おそらく道元はここで、主観によって認識された世界像が解体され、経というひとつの筋によってつながれるようすをイメージしているのだろう。すなわち、経に「接取」されることによって修行者の世界と自我は解体され、経の中に位置づけられ再構成されるのである。

この経をすなはち法となづく

この経をすなはち法となづく。これに八万四千の説法蘊あり。この経のなかに、成等正覚の諸仏なる文字あり、現住世間の諸仏なる文字あり、入般涅槃の諸仏なる文字あり。如来如去、ともに経中の文字なり、法上の法文なり。拈花瞬目、微笑破顔、すなはち七仏正伝の古経なり。腰雪断臂、礼拝得髄、まさしく師資相承の古経なり。つひにすなはち伝法附衣する、これすなはち広文全巻を附嘱せしむる時節至なり。みたび臼をうち、みたび箕の米をひる、経の経を出手せしめ、経の経に正嗣するなり。（六八）

この経をほかでもなく、「法」（もの＝教え）と名づける。これに八万四千の説法の集まりがある。この経の中に、「正しいさとりを成就した諸仏」である文字があり、「現にこの世界に住まう諸仏」である文字があり、「涅槃に入った諸仏」である文字がある。如来であろうが如去であろうが、どちらも経の中の文字であり、もの（法）において現れた教え（法）の文章である。釈尊が華を摘んで瞬きをしたことも、摩訶迦葉がそれを見て微笑したことも、七仏が正しく伝えた古経［そのもの］である。慧可が腰まで雪にうずもれながら自ら臂を断ち、達磨大師に礼拝して仏法の髄を得たことも、まさしく師から弟子に受け継がれてきた古経［そのもの］である。そしてついに五祖弘忍が六祖慧能に教えを伝え衣を与えたのは、この巨大な経文の全巻を引き継がせる時節が至ったということなのである。五祖は杖で三度臼を打ち、六祖は三度箕の米をふるったのであるが、これは経が経に手を出させ、経が経に正しく嗣法したのである。

［略解］

「この経をすなはち法となづく」という文は一見単純なものに見えるが、ここには深い意味が込められている。よく知られているように仏教用語としての「法」には「教説」という意味と「もの」という意味があり、[11]道元はこの文でこの「法」という語の多義性を利用して「テクストとしての経」と「経験される事物」を融合させようとしているのである。つまり、この世界の記述である「仏経」が「教え」であるのに対して、われわれの眼に見えている事物は「もの」であるが、説法世界論の観点から見た場合、これらは実は同じひとつのものを別々の視点からみたものにすぎない。[12]

右のように解釈した場合、少し先にある「法上の法文」という語が理解できるようになる。仏経の中ではさまざまな仏たちが文字によって表現されている。[13]それだけではなく、仏祖たちの「拈花瞬目」、「微笑破顔」、「腰雪断臂」、「礼拝得髄」といった行為もこの経には記述されている。こうしたテクストをわれわれの主観的世界から見た場合、それらは「もの（法）において現れた教え（法）の文章」なのである。ここで五祖弘忍から六祖慧能への伝法の話が現れ、「これすなはち広文全巻を附嘱せしむる時節至なり」（この巨大な経文の全巻を引き継がせる時節が至った）と述べられているが、これは「無情説法」へとつながっていくモチーフである。「経の経を出手せしめ、経の経に正嗣するなり」という文は「教えを授ける師匠も、教えを受ける弟子も、伝えられる教えも、すべて経である」という前提から考えれば容易に理解できるものであるが、これは「無情説法」巻冒頭の「説法於説法するは、仏祖附嘱於仏祖の見成公案なり」という文において再現される。

「如去」というあまり見慣れない語が見えているが、これは「如来」と同義で、特に深い意味はないと思われる。(14)

しかのみにあらず、是什麼物恁麼来、これ教諸仏の千経なり

しかのみにあらず、是什麼物恁麼来、これ教諸仏の千経なり、教菩薩の万経なり。説似一物即不中、よく八万蘊をとき、十二部をとく。いはんや拳頭脚跟、拄杖払子、すなはち古経新経なり、有経空経なり。在衆辦道、功夫坐禅、もとより頭正也仏経なり、尾正也仏経なり。菩提葉に経し、虚空面に経す。（七）

それだけでなく、［六祖が南嶽に問うた］「是れ什麼物か恁麼に来る」という問いは、諸仏を教育する千の経であり、菩薩を教育する万の経である。［南嶽が六祖に答えた］「一物に説似すれば即ち中たらず」という答えは、八万の説法の集まりを［すべて］説き、あるいは十二部経を［すべて］説くことのできるものである。ましてや［指導者が弟子に示す］握りこぶしや足のかかと、拄杖や払子といったもの

おほよそ仏祖の一動両静、あはせて把定放行、おのれづから仏経の巻舒なり。窮極あらざるを、窮極の標準と参学するゆゑに、鼻孔より受経出経す、脚尖よりも受経出経す。父母未生前にも受経出経あり、威音王已前にも受経出経あり。山河大地をもて経をうけ経をとく。日月星辰をもて経をうけ経をとく。あるいは空劫已前の自己をして経を持し経をさづく。あるいは面目已前の身心をもて経を持し経をさづく。かくのごとくの経は、微塵を破して出現せしむ、法界を破していだかしむるなり。（八）

は、古経であり新経であり、有の経であり空の経である。修行者たちの中にあって努力すること、坐禅の修行を行うということは、そもそも最初から最後まで仏経［そのもの］なのである。さとりを貝葉として経が記され、虚空を［紙］面として経が記されているのである。

仏や祖師のあれやこれやの挙動、また［弟子を］つかまえたり突き放したりする［指導］は、すべてそれ自体、仏経を巻きおさめたり開いたりすることに他ならない。究極するところがないことを「究極」というものの基準として学ぶのであるから、鼻の穴から経を受け経を出し、足の爪先からも経を受け経を出すのである。父母がいまだ生まれぬ前にも経を受け経を出し、威音王仏の以前にも経を受け経を出していた。山河大地によって経を受け経を説くことがあり、日月星辰によって経を受け経を説く。あるいはこの世界が成立する以前の自己によって経を保持し経を授ける。あるいは［この自分の］顔かたちができる前の身心によって経を保持し経を授ける。このような経は、微細な塵を破って出現させるものであり、法界を破って出現させるものである。

［略解］

経というものは現象世界内部で紙に書かれた経に記述されているものがすべてなのではない。たとえば祖師の言葉として経典の外で伝えられている「是什麼物恁麼来」「説似一物即不中」といった言葉も実は経の一部なのであり、諸仏・諸菩薩を導くことができるものである。指導者が弟子に示す握りこぶしや拄杖や払子といったものも経に等しいものである。修行もその始めから終わりまで経そのものなのである。これら仏道の上にあるものはみな、テクストとして経典に記述されているのである。

「窮極あらざるを、窮極の標準と参学す」という句は、いわゆる「修証一等」とほぼ同じことを述べようとしていると考えられる。「さとり」が「無限の修行」と同義であれば、「得経の時節」も修行の最終的な目的地としてあるのではない。坐禅すれば息をしている鼻の穴から経が現れ、行脚すれば足の先から経が現れる。すなわち、修行を行っている一瞬一瞬が「得経の時節」である。

「父母未生前にも受経出経あり、威音王已前にも受経出経あり」と述べているのは、この修行が無時間的な経の世界に入ってゆくことと同義であることを示唆しているだろう。少し先に「空劫已前の自己」「面目已前の身心」とあるのも同じ考え方による。すなわち、仏経の世界を前にしたとき、人は時間の外にいる。そしてそのようなところにあって、人は山河大地・日月星辰を経として受け取り、経として説くのである。

威音王仏は法華経常不軽菩薩品に見える。

このような経は現象世界のあらゆる時、あらゆる場所に現れる。このため、あらゆる微細な物体――たとえば一輪の花――が「仏経」の世界への突破口となり得、またこの主観的世界全体が一挙に崩壊して「仏経」の世界が開かれることもあり得る。

「かくのごとくの経は、微塵を破して出現せしむ」の出典は『摩訶止観』の「如破微塵出大千経巻」らしい。(15)

第二十七祖般若多羅尊者道

第二十七祖般若多羅尊者道、「貧道出息不随衆縁、入息不居蘊界。常転如是経、百千万億巻。非但一巻両巻《貧道は出息衆縁に随はず、入息蘊界に居せず。常に如是経を転ずること、百千万億巻なり。但一巻両巻のみにあらず》」。

かくのごとくの祖師道を聞取して、出息入息のところに転経せらるゝことを参学すべし。転経をしるがごときは、在経のところをしるべきなり。能転所転、転経経転なるがゆゑに、悉知悉見なるべきなり。

第二十七祖般若多羅尊者は言った。「私が吐く息は諸々の縁に従わず、また入る息はこの物質世界の中にはない。常に『あるがまま』という経を転ずること、百千万億巻である。ただ一巻二巻だけではない」。

このような祖師の言葉を聞いて、出る息・入る息において転読が行われているのだということを学べ。［真に］転読というものを知るほどの人は、経があるのはどこなのかを知っているはずである。転ずる者がまた転ぜられ、［人が］経を転じ経が［人を］転ずるのであるから、［この循環によって］すべてを知ることができるはずなのである。

（九）

［略解］

この段落は前段落の「鼻孔より受経出経す」を受けている。ここで興味深いのは「出息衆縁に随はず」「入息蘊界に居せず」という句である。縁起の理法や五蘊のカテゴリーが絶対的なものであるのは、われわれが「この世界」の中から物事を見ている限りにおいてのことである。「この世界」を記述している「仏経」のレベルへと超出してしまえば、「衆縁」にも「蘊界」にも制約されることはない。[16] つまり般若多羅尊者が述べているのは、「自分は坐禅中に『経』の世界に入っている」ということである。

道元は般若多羅尊者の言葉が「仏経」の存在を傍証していると考えている。「能転所転、転経経転」という句は「この主観的世界の内部では修行者が経を読んでいるのだが、仏経の世界から見た場合には経が修行者を読み込んで、この世界に生かしている」という意味であろう。[17] この句は第五段落の「この経のわれらに受持読誦せらる丶は、経のわれらを接取するなり」を別の言葉で表したものである。

先師尋常道

先師尋常道、「我箇裏、不用焼香・礼拝・念仏・修懺・看経、祇管打坐、辧道功夫、身心脱落《我が箇裏、焼香・礼拝・念仏・修懺・看経を用ゐず、祇管に打坐し、辧道功夫して身心脱落す》」。（十）

かくのごとくの道取、あきらむるともがらまれなり。ゆゑはいかん。看経をよんで看経とすれば触す、よんで看経とせざればそむく。不得有語、不得無語。速道、速道。（十一）

この道理、参学すべし。この宗旨あるゆゑに、古人云、「看経須具看経眼」。（十二）

まさにしるべし、古今にもし経なくは、かくのごときの道取あるべからず。脱落の看経あり、不用の看経あること、参学すべきなり。（十三）

先師（如浄）は日頃から次のように言っておられた。「私のところでは、焼香・礼拝・念仏・修懺・看経などといったものは用いない。ひたすらに坐禅し、修行努力して、身心脱落するのである。」

このような言明を［正しく］理解している者は稀である。なぜなら、看経を「看経」と呼ぶならば誤りであり、かといって「看経」と呼ばないのも誤りとなってしまうからである。言葉で述べることもできず、言葉で述べないわけにもいかない。さあ何か言ってみよ。

この道理を学べ。この大切な教えがあるために、古人は「看経するには看経する眼を具えていなければならない」と言ったのである。

まさに知れ。古から今にいたるまで、もし経というものがなかったならば、このような言表があるはずはない。「脱落」である看経があり、「不用」である看経があることを、学ばなければならないのである。

［略解］

ここでは道元の師である如浄の言葉が取り上げられている。もっとも如浄が述べているのは文字通り「私のところでは看経を重んじない」ということであり、(18)これは事実上経典を軽視した言葉である。道元は如浄の言葉と本巻の趣旨との間の不整合を解決しようとしているようである。第九段で般若多羅尊者が言う「常転如是経」とは世界そのものであるところの経を転ずることであり、それは事実上「坐禅」を指している。「古人」が言うように、このような看経を行うには十分な眼力が必要となる。これに対して如浄がここで引用されている文で「看経」と呼んでいるものは一般的に人々が「看経」と呼んでいるところのものである。つまり道元がここで言いたいのは、「如浄は一見、看経を否定しているかのように見えるが、真の看経を否定しているわけではない」ということである。

「看経須具看経眼」は雲門の言葉であるが、本文では雲門の名を挙げず、「古人云」としている。これは本巻の後半で雲門に対してややネガティブな評価を与えているためかもしれない。ちなみに底本では「古人云」の前で改行し、さらに一字下げているが、ここで段落が切れているわけではないので右のテクストでは字下げを行っていない。(19)

「古今にもし経なくは、かくのごときの道取あるべからず」というコメントはやや難解だが、この「古今」が第五段落の「古今は得経の時節なるがゆゑに」と同様に「過去から現在にいたるすべての時間」を指していると考えれば、「雲門がこのようなことを述べているのは、現象世界の中の経典とは別に、時間を超越しこの世界を記述している経巻が存在しているからである」という意味に解釈できるだろう。[20] 後続の「脱落の看経あり、不用の看経あること、参学すべきなり」の「脱落の看経」は般若多羅尊者の「転経」を指し、「不用の看経」は如浄の言葉を受けている。すなわち般若多羅尊者と如浄の間に矛盾があるわけではないということである。

本段はやや不自然に挿入されたもののように見えるが、道元としてはどうしても如浄の言葉の辻褄を合わせておきたかったのであろう。

しかあればすなはち

しかあればすなはち、参学の一箇半箇、かならず仏経を伝持して仏子なるべし。いたづらに外道の邪見をまなぶことなかれ。いま現成せる正法眼蔵はすなはち仏経なるがゆゑに、あらゆる仏経は正法眼蔵なり。一異にあらず、自他にあらず。(十四)

以上のようなことから、仏道を学ぶ者であればどのような者であっても、必ず仏経を伝持して仏の弟子たるべきである。むやみに非仏教的な誤った教えを学んではならない。今目の前に現れている「正しい教えの精髄」(正法眼蔵)はすなわち仏経なのであるから、あらゆる仏経は「正しい教えの精髄」なのである。同一でもなければ異なっているのでもなく、自でもなければ他でもない。

しるべし、正法眼蔵そこばくおほしといへども、なんだちことぐ〵く開明せず。しかあれども、正法眼蔵を開演す、信ぜざることなし。仏経もしかあるべし。そこばくおほしといへども、信受奉行せんこと、一偈一句なるべし。八万を解会すべからず。仏経の達者にあらざればとて、みだりに仏経は仏法にあらずといふことなかれ。なんだちが仏祖の骨髄を称じきこゆるも、正眼をもてこれをみれば、依文の晩進なり。一句一偈を受持せるにひとしかるべし、一句一偈の受持におよばざることもあるべし。この薄解をたのんで、仏正法を謗ずることなかれ。声色の仏経よりも功徳なるあるべからず。声色のなんぢを惑乱する、なほもとめむさぼる。仏経のなんぢを惑乱せざる、信ぜずして謗ずることなかれ。（十五）

知れ。「正しい教えの精髄」はたくさんあるのであるが、諸君がそのすべてを理解しているわけではない。しかしそれでも、「正しい教えの精髄」が開演されれば、それを信じない者はいない。仏経についてもこれと同様［の態度をとるべき］である。たくさんあるのであるけれども、その中から信じとり行ずるのは一偈一句にすぎず、あらゆる経巻を理解するなどということは不可能である。［しかしそうではあっても、］いくら仏経に通暁していないからといって、むやみに仏経は仏法でないと言ってはならない。諸君が「仏祖の骨髄」と称している者たちも、正しい眼でこれを見れば、文字による学問に依存した晩進にすぎない。［これらの人々が］一句一偈のみを受持している者に等しいこともあろうし、一句一偈のみを受持している者に及ばないこともあるであろう。このような浅薄な理解しかない者を頼りにして、仏の正しい教えを誇るようなことがあってはならない。音や形［として現れている］仏経よりも功徳あるものがあるはずはないのである。諸君を乱し惑わす音や形すら、諸君はやはり求め貪るであろう。諸君を乱し惑わすことのない仏経を、信じることなく謗ってはならない。

［略解］

「しかあればすなはち」という語は本巻のここまでの記述全体を受けているように見受けられる。「外道の邪見」とは経典を軽視する考え方のことである。経というものは実は世界のすべてであり、仏道そのものと言ってもよい。したがって、経を軽んじればすでに仏弟子ではない。

「いま現成せる正法眼蔵はすなはち仏経なるがゆゑに、あらゆる仏経は正法眼蔵なり」という文は一見したところ「甲は乙であるから乙は甲だ」と述べているように見えるが、道元の意図はおそらくこのような稚拙な論理的操作ではないだろう。まず、ここで「正法眼蔵」と言われているのは普通名詞としての「正法眼蔵涅槃妙心」のことで、これは「師から弟子へと文字を介さずに伝承されている正しい教え」を指している。本巻第六段から第七段ですでに述べられたように、このような教えは世界の記述としての「仏経」と別にあるわけではなく、両者は互いに連続している。正法眼蔵涅槃妙心とは、いわば現象世界に出現した仏経の露頭なのである。「いま現成せる正法眼蔵」という句が示唆しているのはこのことである。するとこの文が実際に意図しているのは「基本的に現象世界の側からは仏経を見ることができない。しかし、正法眼蔵涅槃妙心というものがあり、これは仏経が現象世界に顔を出した露頭のようなものである。このため、仏経というものの全体をこの正法眼蔵涅槃妙心と同様のものと理解してさしつかえない」ということになる。「一異にあらず」は、「正法眼蔵」と「仏経」が互いに同一でもなく、異なっているのでもないという意味であろう。「自他にあらず」はここでは「一異にあらず」と同じ意味であるように見える。(21)

底本では段落を「一異にあらず、自他にあらず」の後で切らず、その次の「しるべし、正法眼蔵そこばくおほしといへども」をこの段落にふくめて「信ぜざることなし」の後で切っているが、右では段落の切り方を改めている。

第十五段冒頭の「正法眼蔵そこばくおほしといへども」と後続の「仏経もしかあるべし。そこばくおほしといへども」は互いに対応している。文字を介さずに「正しい教えの精髄」として伝承されている教えには多くのものがあるが、これに対して仏経もまた膨大なものである。どちらの場合も人々はその全体に通じているわけではなく、限られた部分を理解しているにすぎない。しかし、人々は「これが『正しい教えの精髄』だ」と言って開示されればそれを容易に信ずるのである。このことから引き出されるのは、「経典の教えも同じように重んじられるべきではないのか」ということであろう。実際には「正しい教えの精髄」に含まれている教えと「仏経」に含まれている教えは等価であるのだが、人々は「正しい教えの精髄」のうち自分に対して開示された部分のみを仏説の核心だと思いこんでいる。このため、彼らの眼からみた「仏経」のほとんどの部分は彼らの知る「正法眼蔵」に一致しない。それで彼らの眼には、「仏経は仏法にあらず」と見えるのである。ちなみに底本では「八万を解会すべからず」の後に読点が付してあるが、右のテクストではこれを句点に改めた。

「なんだちが仏祖の骨髄を称じきこゆる」は、本巻後半で道元の批判の対象となる臨済らを指しているものと考えられる。彼らは経典を軽視し、文字を介さずに伝承されてきた教えのみが真実の教えなのだと主張している。しかし道元によれば、彼らは実のところ経典の一句一偈のみを受持している者たち以上のものではないのだと言う。

「声色の仏経」という句は「現象世界の中に説法（声）として現れている仏経」と「現象世界そのもの（色）として現れている仏経」の両方を指していると思われる。

しかあるに、大宋国の一二百餘年の前後にあらゆる杜撰の臭皮袋いはく

しかあるに、大宋国の一二百餘年の前後にあらゆる杜撰の臭皮袋いはく、「祖師の言句、なほこゝろにおくべからず。いはんや経教は、ながくみるべからず、もちゐるべからず。たゞ身心をして枯木死灰のごとくなるべし。破木杓、脱底桶のごとくなるべし」。かくのごとくのともがら、いたづらに外道天魔の流類となれり。もちゐるべからざるをもとめてもちゐる、これによりて、仏祖の法むなしく狂顚の法となれり。あはれむべし、かなしむべし。たとひ破木杓、脱底桶も、すなはち仏祖の古経なり。この

しかるに、大宋国のここ百年、二百年ほどの間にのさばっているでたらめな連中は言う、「祖師の言葉すら心にとどめてはならない。ましてや経典に書いてある教えなどは、決して読んではならないし、参考にしてはならない。ただ身心を枯木死灰のようにしておれ。破れ柄杓か底のぬけた桶のようにしておれ」と。このような連中は、むなしくも外道天魔の仲間となってしまっているのである。参考にしてはならないものを求めて参考にしているのであって、これによって仏祖の法がむなしく狂気の法と

経の巻数部帙、きはむる仏祖まれなるなり。仏経を仏法にあらずといふは、仏祖の経をもちゐし時節をうかゞはず、仏祖の従経出の時節を参学せず、仏祖と仏経との親疎の量をしらざるなり。かくのごとくの杜撰のやから、稲麻竹葦のごとし。獅子の座にのぼり、人天の師として、天下に叢林をなせり。杜撰は杜撰に学せるがゆゑに、杜撰にあらざる道理をしらず、しらざればねがはず。従冥入於冥、あはれむべし。いまだかつて仏法の身心なければ、身儀心操、いかにあるべしとしらず。有空のむねあきらめざれば、人もし問取するとき、みだりに拳頭をたつ。しかあれども、たつる宗旨にくらし。正邪のみちあきらめざれば、人もし問取すれば、払子をあぐ。しかあれども、あぐる宗旨にあきらかならず。あるいは為人の手をさづけんとするには、臨済の四料簡四照用、雲門の三句、洞山の三路五位等を挙して、学道の標準とせり。（十六）

なっている。あわれむべきことであり、悲しむべきことである。たとえ破れ柄杓、底ぬけ桶であっても、それはすなわち仏祖の古経である。この経が何巻何部あるか、究めている仏祖は稀である。「仏経は仏法でない」などと言う者は、仏祖がどのような時に経を用いたかをうかがい知らず、仏祖がいつ経から出現してきたかを学ばず、仏祖と仏経とがどれだけ親しいか疎いかを知らないのである。このようなでたらめ野郎どもが、雑草のようにおびただしくいる。彼らは法座に上り、人々と神々の師として、天下のあらゆるところに僧堂をかまえている。でたらめな連中はでたらめな連中に学んでいるから、でたらめではない正しい道理を知らないし、知らないから願い求めない。［法華経化城喩品に言う］「闇から闇へと入ってゆく」とはこのことであり、あわれむべきである。彼らは今まで一度も仏法の身心を得たことがないので、身体の作法や心の操り方がどうあるべきかを知らない。「有」の意味も「空」の意味もわかっていないから、人に質問された時にはむやみに拳を立ててみせる。しかし、なぜ拳を立てるのかはよくわかっていない。正しい考え方と誤った考え方の道すじがわかっていないから、人が問うたときには払子をふり上げる。しかし、なぜ払子をふり上げるのかはよくわかっていない。あるいは人のために手ほどきを与えようとする場合には、臨済の四料簡、四照用、雲門の三句、洞山の三路・五位等を挙げて、学道の基準としている。

〔略解〕

ここから宋朝禅に対する批判がはじまる。この後半部分については文章が明快で、註釈を必要とする箇所は非常に少ない。おそらく道元はこの部分を感情にまかせて一気に書いたのであろう。ここまでの記述から容易に見て取れるように、道元と宋朝臨済系諸師の間には経典の価値についての考え方に関する大きな溝が存在しているのであるが、問題はそれだけではない。道元が越前へ移った背景には京における臨済宗に対する政治的敗北があったものとみられる。道元はいわば都落ちしたのであり、本巻はその都落ちの直後に執筆されたものである。(22)

段落冒頭の文の「あらゆる」に関する語学的な問題については田島毓堂『正法眼藏の國語學的研究』の該

当箇所を参照。[23] 適切な訳語が見当たらなかったためここでは「のさばっている」と訳したが、「あらゆる」という語自体には否定的なニュアンスはないかもしれない。ちなみに本巻第十四段では同じ「あらゆる」が「すべての」という意味で用いられている。

「いはんや経教は、ながくみるべからず」の「ながく」は日本語としてやや奇妙だが、「決して見てはならない」と解する。[24]

「仏法の身心」という語は次の段落に天童如浄の言葉として出てくる。道元はこれをおそらく第五段で見た「経典に貫かれ再構成された自己」と同じものとして理解しているだろう。

四料簡、三句、三路・五位はそれぞれ臨済、雲門、洞山の教えとされているものである。以下の数段にこれらに関する道元の評価が述べられている。

先師天童和尚、よのつねにこれをわらうていはく

先師天童和尚、よのつねにこれをわらうていはく、「学仏あにかくのごとくならんや。仏祖正伝する大道、おほく心にかうぶらしめ、身にかうぶらしむ。これを参学するに、参究せんと擬するにいとまあらず。なんの閑暇ありてか晩進の言句をいれん。まことにしるべし、諸方長老無道心にして、仏法の身心

先師天童如浄和尚は、平生これを笑って言った、「仏の道を学ぶことがどうしてこのようなことであってよいものだろうか。仏祖が正しく伝えてきた大いなる道は、多くのものを心に被らせ、身に被らせる。これを学ぶに当っては、究めようとしても時間が足りない。何の閑暇があって晩進の人の言句を

を参学せざることあきらけし」。（十七）

先師の示衆かくのごとし。まことに臨済は黄蘗の会下に後生なり。六十拄杖をかうぶりて、つひに大愚に参ず。老婆心話のしたに、従来の行履を照顧して、さらに黄蘗にかへる。このこと、雷聞せるゆゑに、黄蘗の仏法は臨済ひとり相伝せりとおもへり。あまりさへ黄蘗にもすぐれたりとおもへり。またくしかにはあらざるなり。臨済はわづかに黄蘗の会にありて随衆すといへども、陳尊宿すゝむるとき、「なにごとをとふべしとしらず」といふ。大事未明のとき、参学の玄侶として、立地聴法せんに、あにしかのごとく茫然とあらんや。しるべし、上々の機にあらざることを。また臨済かつて勝師の志気あらず、過師の言句きこえず。黄蘗は勝師の道取あり、過師の大智あり。仏未道の道を道得せり、祖未会の法を会得せり。黄蘗は超越古今の古仏なり。百丈よりも

許容することがあろうか。まことに知れ。諸方の長老たちは道心がなく、仏法の身心を学んでいないことは明らかである」。

先師の示衆はこのようであった。実際に臨済は、黄檗の門下では後進であった。［黄檗の］六十棒を受けて、ついに去って高安大愚のところに学んだ。［そこで大愚から、黄檗が彼にしたことは］老婆心から出たものであるという話を聞くと、直ちに［自分の］それまでのあり方を思い返して、また黄檗のもとに帰った。このことが雷の轟くように世間に広まったので、黄檗の仏法は臨済ひとりが相伝したと思われている。それだけではなく、臨済は黄檗よりもすぐれていたとさえ思われている。しかし全くそうではないのである。臨済は黄檗の門下にあって修行僧たちに随って修行していたとはいっても、陳尊宿が［和尚のところへ行って質問して来いと］勧めた時、「何を質問したらいいかわからない」などと言っている。仏の教えのもっとも重要な点をまだ明

尊長なり、馬祖よりも英俊なり。臨済にかくのごとくの秀気あらざるなり。ゆゑはいかん。古来未道の句、ゆめにもいまだいはず。たゞ多を会して一をわすれ、一を達して多にわづらふがごとし。あに四料簡等に道味ありとして、学法の指南とせんや。(十八)

らかにしていない時に、修行者として師の説法を地に立って聴くに当って、どうしてそのようにぼんやりしていられるのだろうか。知れ。［臨済は］本当にすぐれた器ではなかったのである。また臨済は師に勝ろうとする覇気を見せたことがなく、師を超える言葉を発したこともない。［これに対して］黄檗には師の百丈にまさる言葉があり、師をこえた大智があった。仏すら言ったことのない言葉を言ってのけ、祖師たちもまだ理解していなかった教えを理解していた。黄檗は古今を超越した永遠の仏である。百丈よりも優れている。馬祖よりも英俊である。臨済にはこのような秀でた能力はないのである。それはなぜかといえば、古来言われたことのない一句を、夢にも言ったことがないからである。ただ多を会得しては一を忘れ、一に達しては多にまどわされるといったようなところである。どうして臨済の四料簡などといったものに仏道の深みを見て、仏の教えを学ぶ道標とすることができようか。

雲門は雪峰の門人なり。人天の大師に堪為なりとも、なほ学地といふつべし。これらをもて得本とせん、ただこれ愁末なるべし。臨済いまだきたらず、雲門いまだいでざりし時は、仏祖なにをもてか学道の標準とせし。かるがゆゑにしるべし、かれらが屋裏に仏家の道業つたはれざるなり。憑拠すべきところなきがゆゑに、みだりにかくのごとく胡乱説道するなり。このともがら、みだりに仏経をさみす。人、これにしたがはざれ。もし仏経なげすつべくは、臨済・雲門をもなげすつべし。仏経もしもちゐるべからずは、のむべき水もなし、くむべき杓もなし。（十九）

また高祖の三路五位は節目にて、杜撰のしるべき境界にあらず。宗旨正伝し、仏業直指せり。あへて

雲門は雪峰の門人である。人々と神々の師であり得る人物ではあるが、それでもなお、まだ学ぶべきことの残っている人と言ってよいであろう。もしこれらの人々を「根本を会得した人」とみなしたならば、［仏法の］未来は暗いものとなるであろう。臨済も雲門もまだ現れていなかった時、仏たちや祖師たちは何をもって学道の基準としていたのか。このことから知るがよい。彼らのところには、仏の言葉も行いも伝えられていなかったのである。拠って立つものがないから、むやみにこのようにでたらめを言うのである。この連中が、むやみに仏経を軽んじている。これに従ってはならない。もし仏経を投げ捨てるべきだと言うならば、臨済も雲門も投げすてたらよいであろう。仏経をもし用いてはならないというのなら、飲むべき水もなく、水を汲む柄杓もない。

また高祖洞山の三路五位は［仏道の］核心であって、いい加減な連中の知ることのできるような境地

餘門にひとしからざるなり。（二十）

ではない。それは根本の教えを正しく伝え、仏の行いを直接指し示している。決して他の門流と比較できるようなものではないのである。

［略解］

第十七段「仏祖正伝する大道、おほく心にかうぶらしめ、身にかうぶらしむ」の「かうぶらしむ」の意味は必ずしも明確ではないが、おそらく心身への負荷について述べているのだろう。すると前後の文は、「仏道修行は心身への負荷が極めて大きいので、他のことを学んでいる余裕などない」と解釈できる。

第十九段末尾の「仏経もしもちゐるべからずは、のむべき水もなし、くむべき杓もなし」という文は第十六段の「破木杓、脱底桶のごとくなるべし」を受けている。

また杜撰のともがらいはく

また杜撰のともがらいはく、道教・儒教・釈教、ともにその極致は一揆なるべし。しばらく入門の別あるのみなり。あるいはこれを鼎の三脚にたとふ。これいまの大宋国の諸僧のさかりに談ずるむねなり。もしかくのごとくいはば、これらのともがらが

またいい加減な連中は言う、「道教・儒教・仏教の帰するところはひとつであるはずである。ただその入口が分かれているだけである」。あるいはこれを鼎の三本の脚にたとえる。これが現在の大宋国の僧たちがさかんに語っていることである。もしこの

うへには、仏法すでに地をはらうて滅没せり。また仏法かつて微塵のごとくばかりもきたらずといふべし。かくのごとくのともがら、みだりに仏法の通塞を道取せんとして、あやまりて仏経は不中用なり、祖師の門下に別伝の宗旨ありといふ。少量の機根なり。仏道の辺際をうかゞはざるゆゑなり。仏経もちゐるべからずといはば、祖経あらんとき、もちゐるや、もちゐるべからずや。祖道に仏経のごとくなる法おほし。用捨いかん。もし仏道のほかに祖道ありといはば、たれか祖道を信ぜん。祖師の祖師とあることは、仏道を正伝するによりてなり。仏道を正伝せざらん祖師、たれか祖師といはん。初祖を崇敬することは、第二十八祖なるゆゑなり。仏道のほかに祖道をいはば、十祖二十祖たてがたからん。嫡々相承するによりて、祖師を恭敬するゆゑは、仏道のおもきによりてなり。仏道を正伝せざらん祖師は、なんの面目ありてか人天と相見せん。いはんやほとけをしたふしふかきこゝろざしをひるがへして、あら

ように言うならば、こうした連中のところでは、仏の教えはすでに完全に失われている。あるいは、仏の教えは［彼らのところに］これまで微塵ほどにも来ていないと言うべきである。こういう連中が、仏の教え［と道教・儒教とが］通じているとかいないとかやたらと言おうとして、誤って「仏経は用いるにはあたらない。祖師の門下には別伝の教えがあるのだ」と言うのである。［こうした連中は］能力の乏しい者たちである。［彼らがそう言うのは］仏道の広大さをうかがい知らないためである。仏経を用いてはいけないと言うのなら、仮に「祖師の説いた経」などというものがあればそれを用いるのか、用いるべきでないのか。祖師たちの説くところには仏経と同じような教えがたくさんある。それを用いるのか捨てるのか。もし「仏道」とは異なったものとして「祖道」というものがあると言うなら、誰が祖道を信じるだろうか。祖師が祖師である所以は、仏道を正しく伝えていることによるのである。仏道を

たに仏道にあらざらん祖師にしたがひがたきなり。

正伝しない祖師などというものを、誰が祖師と呼ぶだろうか。人々が初祖菩提達磨を崇敬するのは、彼が［釈迦牟尼仏から数えて］第二十八祖であるからである。仏道のほかに祖道をいうならば、十祖、二十祖を立てることはできないであろう。正しい師匠から正しい弟子へと相承してきている以上、祖師を敬うのは仏道が重要だからという理由によるのである。仏道を正伝しない祖師などというものがあったとしたら、どんな面目があって人間界の人々や天上界の神々にまみえることができるだろうか。まして仏を慕う深い志を翻して、「仏道に従わない祖師」なるものに新しく従うことはできないのである。

（二一）

いま杜撰の狂者、いたづらに仏道を軽忽するは、仏道所有の法を決択することあたはざるによりてなり。しばらくかの道教・儒教をもて仏教に比する愚癡のかなしむべきのみにあらず、罪業の因縁なり、国土の衰弊なり。三宝の陵夷なるがゆゑに。孔老の道、いまだ阿羅漢に同ずべからず。いはんや等覚妙

現在のでたらめな狂人たちがむやみに仏道を軽んずるのは、仏道固有の教えとは何かということを見定めることができていないためである。道教や儒教を仏教に比べるあの馬鹿さ加減が嘆かわしいだけでない。それは罪業の原因であり、国土の衰亡であり、仏・法・僧の衰滅であるからである。孔子老子の道

覚におよばんや。孔老の教は、わづかに聖人の視聴を大地乾坤の大象にわきまふとも、大聖の因果を一生多生にあきらめがたし。わづかに身心の動静を無為の為にわきまふとも、尽十方界の真実を無尽際断にあきらむべからず。（二二）

おほよそ孔老の教の仏教よりも劣なること、天地懸隔の論におよばざるなり。これをみだりに一揆に論ずるは、謗仏法なり、謗孔老なり。たとひ孔老の教えに精微ありとも、近来の長老等、いかにしてかその少分をもあきらめん。いはんや万期に大柄をとらんや。かれにも教訓あり、修練あり。いまの庸流たやすくすべきにあらず。修しこゝろむるともがら、なほあるべからず。一微塵なほ他塵に同ずべからず。

は、［小乗の］阿羅漢とさえ同視してはならない。ましてや［大乗の菩薩の最高位である］等覚・妙覚に及ぶことがあろうか。孔子老子の教えは、わずかに聖人の眼と耳によって天地の現象を理解したものにすぎず、仏の説くところの因果の説を一生かかっても多生にわたっても明らかにすることはできない。彼らはわずかに身心の動静を「無為の為」において理解することはあっても、世界全体の真実を尽きることなく明らかにすることはできないのである。

そもそも孔老の教えが仏の教えよりも劣っているということについて言えば、両者には天と地ほどのへだたりがあり、論ずるにも及ばないのである。これをむやみに一緒に論ずるのは、仏の教えを謗ることであり、孔子老子を謗ることである。たとえ孔老の教に精細で微妙なところがあるとしても、近年の長老たち［のあの無能さ］ではどうしてその少しだけでも明らかにすることができるだろうか。ましていはんや仏経の奥玄ある、いまの晩進、いかでか辯肯することあらん。両頭ともにあきらかならざるに、いたづらに一致の胡乱説道するのみなり。（二一三）

や国政を左右するようなことがあろうか。孔子・老子の教えにも教訓があり、修練がある。現代の凡庸な人々がたやすくできるものではない。［したがって、仏道修行の傍らでそれらを］ためしに修練してみようなどという者も、なおさらいてはならない。ひとつの小さな塵でさえ、他の塵と同じものではない。ましてや奥深い仏経を現代の後進の者たちが、どうして［十分に］鑑別評価できるだろうか。［仏の教えと孔子・老子の教えの］どちらも明らかでないのに、むやみに「一致している」と　でたらめを唱えているだけである。

［略解］

第二一三段の「いはんや万期に大柄をとらんや」の「万期」は「万機」と解釈する。校訂の誤りではないようなので、かなり早い段階の写本で混入した誤記なのであろう。

大宋いまかくのごとくのともがら

大宋いまかくのごとくのともがら、師号に署し、師職にをり、古今に無慚なるをもて、おろかに仏道を乱辦す。仏法ありと聴許しがたし。しかのごとくの長老等、かれこれともにいはく、「仏経は仏道の本意にあらず、祖伝これ本意なり。祖伝に奇特玄妙つたはれり」。（二四）

かくのごとくの言句は、至愚のはなはだしきなり、狂顛のいふところなり。祖師の正伝に、またく一言半句としても、仏経に違せる奇特あらざるなり。仏経と祖道と、おなじくこれ釈迦牟尼仏より正伝流布しきたれるのみなり。たゞし祖伝は、嫡嫡相承せるのみなり。しかあれども、仏経をいかでかしらざらん、いかでかあきらめざらん、いかでか読誦せざらん。（二五）

大宋国では今、このような連中が師を名乗り、師の地位にある。彼らは、古今の人に対して恥じることがないために、愚かにも仏道をでたらめに説いている。［彼らのところに］仏の教えがあるとは認めがたい。このような長老たちはみな異口同音に言う。「仏経は仏道の本意ではなく、祖師の伝えたものこそが本意である。祖師たちの教えには特別にすぐれたものが伝わっているのだ。」

このような言葉は愚劣はなはだしいものであり、狂人の言うところの言葉である。祖師の正伝には一言半句も仏経と特別に違ったものはないのである。仏経も祖道も、同じく釈迦牟尼仏からまっすぐに伝わり、広まっているものである。ただ、祖伝は師から弟子へと［口頭の教えのみによって］継承しているというだけ［の違い］である。［そのような違いがある］とはいえ、どうして仏経を知らないなどと古徳いはく、「なんぢ経にまどふ、経なんぢをまよはさず」。

古徳看経の因縁おほし。（二一六）

杜撰にむかふていふべし、「なんぢがいふがごとく、仏経もしなげすつべくは、仏心もなげすつべし、仏身もなげすつべし。仏身心なげすつべくは、仏子なげすつべし。仏子なげすつべくは、仏道なげすつべし。仏道なげすつべくは、祖道なげすてざらんや。仏道祖道ともになげすてば、一枚の禿子の百姓ならん。たれかなんぢを喫棒の分なしとはいはん。たゞ王臣の駈使のみにあらず、閻老のせめあるべし」。近来の長老等、わづかに王臣の帖をたづさへて、梵刹の主人といふをもて、かくのごとくの狂言あり。是非を辨ずるに人なし。ひとり先師のみこのともが

いうことがあってよいだろうか。どうして明らかにしないなどということがあってよいだろうか。どうして読誦しないなどということがあってよいだろうか。

古徳六祖慧能が言っている。「君が経に迷っているのであって、経が君を迷わせているのではない」。

古徳の看経にまつわる話はたくさんある。

いい加減な連中にむかって言ってやれ。「君が言うように仏経を投げ棄てるべきであるならば、仏心も投げ棄てるべきであるし、仏身も投げ棄てるべきである。仏の身心を投げ棄てるべきであるのなら、仏子であることも投げ棄てるべきである。仏子であることを投げ棄てるべきであるのなら、仏道も投げ棄てるべきである。仏道を投げ棄てるべきであるのなら、祖道を投げ棄てない理由はない。仏道も祖道もともに投げ棄てれば、ただの禿頭の人になってしまうであろう。それでは君が痛棒を受けるいわれがないと誰が言おうか。ただ国王や官僚にこき使われ

らをわらふ。餘山の長老等、すべてしらざるところなり。（二七）

るだけではなく、閻魔大王の責めがあるにちがいない。近来の長老たちは、天子や官僚の任命書を持っているというだけの資格で、寺院の主人となっている。このためにこういうおかしなことを言っているのだ。是非をはっきりさせようにもそれができる人物がいない。ただ先師天童如浄だけがこうした連中を嘲笑していた。他の寺院の長老たちは全く知らないことである。

〔略解〕

「なんぢ経にまどふ、経なんぢをまよはさず」は慧能の「経意分明なり、汝自ら迷背す」という言葉にもとづいている。[25]

底本では第二七段冒頭のかぎ括弧が閉じられていないので、適切と思われる箇所に括弧閉じを付加した。

おほよそ異域の僧侶なれば

おほよそ異域の僧侶なれば、あきらむる道かならずあるらんとおもひ、大国の帝師なれば、達せると

外国の僧侶であれば必ず何らかの道を明らかにしているだろうと思ったり、（中国のような）大国の

ころさだめてあるらんとおもふべからず。異域の衆生かならずしも僧種にたへず。善衆生は善なり、悪衆生は悪なり。法界のいく三界も、衆生の種品おなじかるべきなり。（二八）

また大国の帝師となること、かならずしも有道をえらばれず。帝者また有道をしりがたし、わづかに臣の挙をきゝて登用するのみなり。古今に有道の帝師あり、有道にあらざる帝師おほし。にごれる代に登用せらるゝは無道の人なり、にごれる世に登用せられざるは有道の人なり。そのゆゑはいかん。知人のとき、不知人のとき、あるゆゑなり。黄梅のむかし、神秀あることをわすれざるべし。神秀は帝師なり。簾前に講法す、箔前に説法す。しかのみにあらず、七百高僧の上座なり。黄梅のむかし、盧行者あること、信ずべし。樵夫より行者にうつる、搬柴を

皇帝の師であれば到達している境地があるに違いないと思ったりしてはならない。外国の人々が必ず僧として適格だというわけではない。善い人々は善く、悪い人々は悪いのである。この世界の中でどれだけ欲界・色界・無色界［を巡ってみたとして］も、「そこで観察される」人々の能力の程度は同じであるはずである。

また「大国の皇帝の師となる」ということに際して、必ずしも道に通達した人物が［師として］選ばれるわけではない。皇帝の方では誰が道に通達した人物なのか知るのが難しく、単に臣下が推挙するところを聞いて登用するだけなのである。歴史上、道に通達した帝師もいるが、通達していない帝師も多い。濁った時代には道に通達していない人が登用される。濁った時世に登用されないのが道に通達した人である。なぜなら、［登用する側が］人物を見分ける力をもっている時代と、人物を見分ける力をもっていない時代とがあるからである。黄梅山五祖

のがるとも、なほ碓米を職とす。卑賤の身、うらむべしといへども、出俗越僧、得法伝衣、かつていまだむかしもきかざるところ、西天にもなし、ひとり東地にのこれる希代の高躅なり。七百の高僧もかたを比せず、天下の龍象あとをたづぬる分なきがごとし。まさしく第三十三代の祖位を嗣続して仏嫡なり。五祖、知人の知識にあらずは、いかでかかくのごとくならん。（二九）

弘忍の時代、［五祖の門下に］神秀がいたことを忘れてはならない。神秀は［則天武后の］帝師である。それだけではなく、［武后の］簾箔の前で教えを講説した。［五祖門下の］七百人の高僧の上座であった。［同じ］黄梅山五祖の時代に、盧行者慧能がいたことを心に銘じよ。［慧能は元々］木こりであったが［五祖の下で］雑用係となった。柴をはこぶ［木こりの］仕事はのがれたが、まだ米つきを仕事としていたのである。卑賤の身分であったことは残念であるが、俗から出て僧をも越え、教えを得て［菩提達磨の］袈裟を伝えられた。このようなことは昔も今も聞いたことのないことであり、［そのような例は］インドにもない。ただ漢土にのみ歴史に残る世にも稀な傑物である。［五祖山の］七百の高僧にも肩をならべる者はなく、山外のすぐれた修行者たちもそれに続く力量はなかったようである。まさしく第三十三代の仏祖の位を嗣ぐ、仏の正統の後継者である。五祖が人物を見分ける力をもつ指導者でなかったならかくのごとくの道理、しづかに思惟すべし、卒爾にすることなかれ。知人のちからをえんことをこひねがふべし。人をしらざるは自他の大患なり、天下の大患なり。広学措大は要にあらず。知人のまなこ、知人の力量、いそぎてもとむべし。もし知人のちからなくは、曠劫に沈淪すべきなり。（三十）

ば、どうしてこのようなことがあり得ただろうか。

このような道理を、静かに考えてみよ。軽率であってはならない。人物を見分ける力を得ようと願え。人間を知らないということは自分にとっても他人にとっても大きな災いである。それは天下の災いである。博学の秀才である必要はない。人物を見分ける眼、人物を見分ける力を、急いで身につけよ。もし人物を見分ける力がなければ、未来永劫に沈み込んだままとなるであろう。

［略解］

第二八段冒頭でやや唐突に「異域の僧侶」という言葉が出てくるが、これが具体的な渡来僧の誰かを念頭に置いたものかどうかはわからない。蘭渓道隆の来日は寛元四年であり、本巻示衆よりも後のことである。

第二九段「また大国の帝師となること、かならずしも有道をえらばれず」という言葉には道元の京における政治的敗北の無念さが窺われる。

しかあればすなはち

しかあればすなはち、仏道にさだめて仏経あることをしり、広文深義を山海に参学して、辦道の標準とすべきなり。（三一）

以上のようなことであるので、仏道に確かに仏経というものがあることを知り、広大な経の深い意味を山や海に学び、これを修行の基準とすべきである。

［略解］

簡略に結語が述べられているが、直前の激昂ぶりに比べると奇妙に落ち着いているようにも見える。

奥書

正法眼蔵仏経第四十七

寛元元年癸卯秋九月庵居于越州吉田県吉峰寺而示衆

正法眼蔵　仏経　第四十七

寛元元年（一二四三）秋九月、越州吉田県吉峰寺に庵居して修行者たちに示した。

註（仏経　本文・現代語訳・略解）

（1）このモチーフは「無情説法」巻第一―二段に再び現れる。
（2）たとえば水野弥穂子（『全集』）は該当の句を「必ずあるいは知識に従い、あるいは経巻に従う正当恁麼時」と訳している。あるいは道元自身もこのように読み下していたかもしれない。ちなみに「無情説法」巻第十二段に「高祖かつて大証道の「無情説法諸聖得聞」の宗旨を見聞せりといへども」という文があり、この「かつて」も同様に「見聞せり」ではなく「道」にかかっているように思われる。
（3）大正蔵第四六巻十頁中。
（4）ただし、行持道環は通常「発心、修行、菩提、涅槃」という四段階からなっているが、ここでは「発意、修行、証果」の三段階からなっている。この点に何らかの意味があるのかどうかはわからない。
（5）先行研究のうち、特にこの箇所に着目しているものに青竜宗二「道元禅師に於ける正法と仏経との関係について」（『宗学研究』第八号　昭和四一年）がある。もっとも青竜は、「ここに何故に尽十方界がそのまま経教であり得るであろうか」（一二四頁）という極めて重要な問いを立てながら、続いて「しかるに道元禅師の説かれる思想は、（中略）宗教体験に基づくその体験内容の表現であって、道元禅師自からにおいては論証を媒介としない実証的思想であるので、その思想の理解には論証を不用とする飛躍的論理の根底、すなわち体験の内容に向って参究せねばならないであろう」という奇妙な論理を展開し、この問題を「体験」によって説明しようと試みている。そして青龍は「道元禅師の示される尽十方界、万象森羅は凡夫の眼に映ずる単なる客観的存在の諸法を指すのではなく」云々と述べるのだが、言うまでもなく筆者はこれにはまったく同意できない。青龍は問題の突破口を眼の前にしながら、「宗学」的に無難な解決を選んで退却したのである。石井修道「『仏道』『仏経』考（下）」（『松ヶ岡文庫研究年報』十九、平成十七年）はこの部分を論じていない。おそらくここに深い問題があることを知りつつも、あえて触れなかったのであろう。ここに見えているのは「宗学」の限界である。ちなみに宗学的前提から自由な立場にある玉城康四郎は該当の文を逃げることなく理解しようと試みている。もっとも彼は「われわれ自身もまたその経の中に記述されている」という重要な点に気づいておらず、経巻がわれわれを（外から）「包徹」していると考えていたようである（『現代語訳正法眼蔵』第四巻（大蔵出版、平成六年）一六一―一六五頁、特に一六二頁）。

（6）「あらざる」は「非ざる」ではなく「在らざる」かもしれない。ちなみに、「経巻にあらざる時処なし」という表現にはわれわれが高等学校で習った数学（空間座標）を思い起こさせる響きがあり興味深い。

（7）拙著『現成公案略解』（東北大学出版会　平成三一年）二二―二四、六九―七〇頁。

（8）増谷文雄の現代語訳「しかるに、かならずこの経を得んとする、そのことのなる時は古であるか今であるかと、そのように考うべきものではない。けだし、古今はともにこの経を得べき時だからである。」に従う。

（9）この点は「現成公案」巻の「これにところあり、みち通達せるによりて、しらるゝきはのしるからざるは、このしることの、仏法の究尽と同生し、同参するゆゑにしかあるなり。得処かならず自己の知見となりて、慮知にしられんずるとならふことなかれ。証究すみやかに現成すといへども、密有かならずしも現成にあらず、見成これ何必なり」という文と関連しているようである。前掲の拙著『現成公案略解』

三三―三五頁を参照。ちなみに筆者は「しらる、きはのしるからざるは」を「知られる辺際が［転回点に至る前には］はっきりわからないのは」と訳したが、「転回点に至る前には」という句は蛇足だったようである。松岡由香子はこの点をより正確に理解していたように見える（『現成公按私釈』東京図書出版　平成二九年　一九七頁以下）。

(10)前掲の石井修道の論文による。石井の註は『渉典録』によっている。『善見律毘婆沙論』テクストは大正蔵二四巻六七六頁中段。

(11)漢語の「法」は古インド語の dharma/dhamma の訳語で、「ささえる、支持する」というような意味をもつ語根 dhṛ から派生した名詞である。この語の意味し得るものはすでにインドにおいて甚だしく拡張されており、「社会規範」「慣習」「正義」「宗教」「真理」「法則」などを意味している場合もある。仏典が漢訳された際に dharma/dhamma の多くのインスタンスが単純に（それによって実際に意味されているものが何であるかを考慮せずに）「法」と訳されたために、「法」という言葉が「存在物」と「教説」の両方を指すものとして使われているのである。このようなわけで、存在物としての「法」と教説としての「法」の間に本来論理的関係はないのだが、道元はここでこのふたつの概念が偶然どちらも「法」という語によって指示されていることを利用して、読者を説法世界論の次元へ跳躍させようとしているのである。

(12)この考え方が「現成公案」巻冒頭の「諸法の仏法なる時節」にどのように接続しているかという点については検討の必要がある。前掲の拙著『現成公案略解』十一―十二頁では『摩訶止観』の「知一切法皆是仏法」の句によって「現成公案」の該当部分を解釈したが、ここで「仏経」巻の世界観が加わることによって問題が複雑化することになった。

(13)このあたりの「現住世間の諸仏なる文字」「入般涅槃の諸仏なる文字」などといった表現は密教の「種字」を意識しているかもしれない。道元と密教との関係については本書解題の「仏教史の中の説法世界論(五)無情説法と法身説法」を参照。

(14)「如来」の原語は tathāgata だが、これを tathā（如）＋āgata（来）と解釈すると「如来」となり、tathā（如）＋gata（去）と解釈すると「如去」となる。

(15)大正蔵四六巻二〇頁中。さらに『摩訶止観』のこの部分の出典は華厳経の「譬如微塵内　有一大経巻　三千世界等　無益衆生類　爾時有一人　出興於世間　破塵出経巻　饒益一切世」（大正蔵九巻六二四頁上）らしい。

(16)「看経」巻に同じ般若多羅尊者の言葉が引かれており、道元はこれに「「蘊界」といふは、五蘊なり。いはゆる色受想行識をいふ。この五蘊に不居なるは、五蘊いまだ到来せざる世界なるがゆゑなり」とコメントしている。つまりここでも道元は、般若多羅尊者が現象世界を超越した場所（正確には、「場所」ではないどこか）にいると述べている。

(17)これは「現成公案」巻に現れる「自己をはこびて万法を修証するを迷とす、万法すゝみて自己を修証するはさとりなり」というモチーフと同じ円環的なパターンなのであるが、ここではよりわかりやすい形をとっている。前掲の拙著『現成公案略解』十四頁以下を参照。ちなみに『現成公案略解』では該当の句を圜悟克勤の言葉に基づいて理解したが、これを「仏経」の世界観のひとつの表現型として理解することもできるであろう。両者の関係についてはさらに検討する必要がある。

(18)『弁道話』ではこの言葉が文字通りに解釈されているようである。岩波文庫版『正法眼蔵』第一巻十五頁。

(19)ちなみに「古人云」の前で本当に改行する必要があるかどうかは疑わしい。

(20)ただしこれが道元のコメントの意味するところであるとしても、雲門が実際にこのように意図していたかどうかはわからない。

(21)もっとも道元は『正法眼蔵』のいくつかの箇所で「自他の区別」というもの自体を否定しており、この箇所の「自他にあらず」がそうした議論に関係している可能性もあるかもしれない。「自他の区別」の問題については本書「解題」の「仏教史の中の説法世界論（三）説法世界論と草木成仏説」を参照。

(22)柳田聖山「道元と臨済」（『理想』第五一三号　昭和五一年）および拙稿「永遠の物語と一瞬のさとり——道元と臨済」（『印度学宗教学会論集』四七　令和二年）を参照。

(23)「これはアラユルが述格に立つてゐるとみなければならぬものである。換言すれば、まだアラユルと熟しきつてゐないともいへ、あるいは熟したものであつても、アリとユの本來の意義が顔を出してゐるものといへるもので」（田島毓堂『正法眼藏の國語學的研究』笠間書院　昭和五二年　八六一頁）。

(24)これは漢文の語法の影響かもしれない。たとえば『摩訶止観』に「語雖通上意則永殊」という文があり（大正蔵第四六巻二一頁中）、この「永殊」は「まったく異なっている」という意味である。

(25)『伝燈録』五（大正蔵五一巻二三八頁中）。「看経」巻にはこれに関連する「心迷法華転、心悟転法華」という句が挙げられている（岩波文庫本第二巻二〇八頁）。この句については六十巻本「法華転法華」巻も参照（岩波文庫本第四巻に所収）。

無情説法　本文・現代語訳・略解

凡例

- 本文は二段組とし、上段に原文、下段に現代語訳を載せた。
- 「無情説法」本文は水野弥穂子校注の岩波文庫版『正法眼蔵』（平成二―五年）第三巻によっている。ただしふりがなは省略した。
- 段落番号は本書の筆者が便宜的に付したものであり、底本にはない。
- 『全集』とあるのは『原文対照現代語訳　道元禅師全集』（春秋社　平成十一―二五年）である。
- 古註類の引用は『正法眼蔵註解全書』（無我山房　大正二年）によっている。

説法於説法するは、仏祖附嘱於仏祖の見成公案なり

説法於説法するは、仏祖附嘱於仏祖の見成公案なり。この説法は法説なり。有情にあらず、無情にあらず。有為にあらず、無為にあらず。有為・無為の因縁にあらず、従縁起の法にあらず。しかあれども、鳥道に不行なり、仏衆に為与す。大道十成するとき、説法十成す。法蔵附嘱するとき、説法附嘱す。拈華のとき、拈説法あり。伝衣のとき、伝説法あり。このゆゑに、諸仏諸祖、おなじく威音王以前より説法に奉覲しきたり、諸仏以前より説法に本行しきたれるなり。説法は仏祖の理しきたるとのみ参学することなかれ。仏祖は説法に理せられきたるなり。この説法、わづかに八万四千門の法蘊を開演するのみにあらず、無量無辺門の説法蘊あり。先仏の説法を後仏は説法すと参学することなかれ。先仏きたりて後仏なるにあらざるがごとく、説法も先説法を後説法とするにはあらず。このゆゑに、

「説法に対して説法する」とは、「仏祖が仏祖に教えを託す」という形で現象する命題である。この説法は、［仏が法を説いているのではなく、］法が［仏を］説いているのである。［それは］心をもつもの（有情）でもなく、心をもたないもの（無情）でもない。因果によって仮設されたもの（有為）でもなく、不生不滅のもの（無為）でもない。有為・無為に関係したものではなく、縁起にしたがって生滅するもの（従縁起の法）でもない。そうではあっても、「鳥道に不行」であり、仏の道をゆく人々のためにするものである。偉大なる道が完全に成就するとき、説法も完全に成就する。仏の教え全体の伝授が行われるとき、説法がその伝授を行っている。［釈尊が］花をつまんで拈ったとき、［釈尊は］説法をつまんで拈ったのである。［五祖が六祖へ］衣を伝えたとき、［五祖は］説法を伝えたのである。このゆえに、仏

たち・祖師たちは、威音王仏よりも前から説法に拝謁してきたのであり、諸仏以前から説法という修行を積んできたのである。説法は仏たち・祖師たちがとりしきってきたとのみ学んではならない。仏たち・祖師たちは説法によってとりしきられてきたのである。この説法は八万四千の教えを開示するだけではない。はかり知ることのできない量の説法がある。前の仏が行った説法を後の仏がまた説法するのだと学んではならない。前の仏がやって来て後の仏になるのではないように、説法も前の説法と同一のものを後の説法にするわけではない。このゆえに、釈迦牟尼仏いわく、「過去・現在・未来の仏たちの説法のしかたと同じように、私も今またこのように分別を超えた教えを説く」。

釈迦牟尼仏道、「如三世諸仏、説法之儀式、我今亦如是、説無分別法《三世諸仏説法の儀式の如く、我れも今亦た是の如く無分別法を説く》」。（一）

［略解］

第一段落と第二段落は本巻の導入部となっている。「仏経」巻と同様、本巻においても冒頭の段落に多くの難解な語が現れており、道元の意図を理解するのは容易ではないが、ここで道元が試みているのは要するに「仏経」巻で展開された議論を「伝法」という本巻の主題に接続することである。

本段冒頭に「説法於説法するは、仏祖附嘱於仏祖の見成公案なり」という文が提示されている。「説法於説法」とは「説法に対して説法する」ということだと考えられるが、道元はこれが「仏祖が仏祖に教えを託す」ということが「見成公案」したものだという。一見しただけでは何が言いたいのかよくわからないが、これを「仏経」巻第六段の「経の経を出手せしめ、経の経に正嗣するなり」と並べてみると、次のように解釈できる。すなわち、現象世界において仏祖が弟子に説法しているとき、それは仏経の中に記述された「仏祖が弟子に教えを伝える」（「仏祖附嘱於仏祖」）というテクストが現象として現れたものに他ならない。そしてまた、世界のすべてが仏の説法（テクスト）であるのならば「仏祖」も「弟子」もテクストの一部であるので、この現象を仏経の側から見て「（テクストが）テクストに対して説法している」（「説法於説法」）と言うことができる。(1)ちなみにここでは、仏経のテクストが世界として現象することが「見成公案」と呼ばれている。(2)

その次の文には「この説法は法説なり」とある。これは「この説法は『ものが説く教え』である」という意味であるが、「法説」という言葉の背景には圜悟克勤の「烈焔亙天仏説法、亙天烈焔法説仏（烈焔亙天は仏法を説くなり、亙天烈焔は法仏を説くなり）」があり、(3)ここから「仏が説法を行うのみではなく、説法が仏を生み出してもいる」という含意を読み取ることができる。このモチーフはこの段落内の少し先で再び現れている。

この「説法」についてはさらに「有情にあらず、無情にあらず」と述べられているが、これは「この説法は『心（意識）をもつもの／もたないもの』といった世界内部的な分類法によって思考され得るものではない」という意味である。[4] すなわち、世界を構成している「説法」自体は有情でも無情でもなく、有為でも無為でもなく、この世界の中の因果関係の中で原因となったり結果となったりするようなもの（従縁起の法）でもない。「有情」「無情」などといった分類概念は現象世界内部の存在に対して適用されるものであり、それらすべてをあらしめている「説法」に対しては適用されないのである。[5] 文中の「有為・無為の因縁にあらず」という句の意味するところは十分明確ではないが、おそらく「有為法の因縁によって生じたものではなく、かといって無為法でもない」という意味なのであろう。

「鳥道に不行なり」という句は洞山の言葉である。洞山がこの句によって意図していたものはよくわからないが、道元はこれを「衆生から遊離しない」というような意味に解釈して使っているようである。（この点については補注「鳥道に不行」を参照。）

「大道十成するとき」が仏の成道を指しているのか、あるいは遠い未来における一切衆生の救済を指しているのかはわからない。前者であれば「大道十成するとき、説法十成す」は「現象世界において『仏の成道』という現象が発生しているときには、それに対応する説法世界の箇所において説法がクライマックスを迎えている」という意味になり、後者であれば「一切衆生が救済された時に、この説法は終わる」という意味になるだろう。[6]

「法蔵附嘱するとき」以下は、「伝法」という本巻の主題に沿って「説法」と「現象世界のできごと」の並行性について述べている。ちなみに「法蔵附嘱するとき、説法附嘱す」はすでに見た「仏経」巻第六段の「つひにすなはち伝法附衣する、これすなはち広文全巻を附嘱せしむる時節至なり」とパラレルであり、「拈華のとき、拈説法あり。伝衣のとき、伝説法あり」も「仏経」の同じ段の「拈花瞬目、微笑破顔、すなはち七仏正伝の古経なり。腰雪断臂、礼拝得髄、まさしく師資相承の古経なり」に対応している。

「このゆゑに、諸仏初祖、おなじく威音王以前より説法に奉覲しきたり、諸仏以前より説法に本行しきたれるなり」の「このゆゑに」は、「テクストと現象の間のこのような並行関係のゆえに」という意味であろう。「威音王」とは久遠の過去に出現した威音王仏を指す。するとこの文の背後にある考え方は、「世界の始まりから終わりにいたるまでのすべての現象には、それに対応する説法がある」というものであると考えられる。「諸仏諸祖」が「諸仏以前より説法に本行しきたれるなり」という表現は矛盾しているが、これは「ビッグバン以前」などといった表現が矛盾を免れないのと同様である。(7)

次の「説法は仏祖の理しきたるとのみ参学することなかれ。仏祖は説法に理せられきたるなり」の文は、すでに見た「この説法は法説なり」をより明確な言葉で言い換えたものである。すなわち仏祖は説法を産出しているが、それだけではなくその説法そのものに含みこまれており、それが仏祖を現象世界にあらしめている。この表現は明確であると同時に、それが含意するパラドックスの全体をも明示している。(8)

ここまでは説法世界論を前提とすればなんとか理解できる内容であったが、次の「この説法、わづかに八万四千門の法蘊を開演するのみにあらず」から第二段落にかけてはさらに難解になる。これは、ここで引用されている法華経のテクストに対して道元が特異な解釈を与えていることによる。

「先仏の説法を後仏は説法すと参学することなかれ。先仏きたりて後仏なるにあらざるがごとく、説法も先説法を後説法とするにはあらず」という文で道元が述べているのは、「仏たちは必ずしも同じ内容の教えを説いているわけではない」ということである。つまり、ある仏の説法が前の仏の説法とまったく異なっていることもあり得るのだという。しかし、これに続いて引用される法華経方便品の「如三世諸仏、説法之儀式、我今亦如是、説無分別法」という文は、「このゆゑに」という接続語が要求する形では地の文に接続していないかのように見える。すなわち、もしこの引用文を「私は今、あらゆる仏たちが行ってきたのと同じしかたで、[同じ内容の]説法を行う」という意味に理解した場合、前後の文脈は「仏たちの説法は互いにまったく異なったものである。だから釈迦牟尼仏は『私はあらゆる仏たちが行ってきたのと同じように説法を行う』と述べたのだ」という流れになり、まったく意味が通じない。道元のこの陳述を整合的に解釈するためには、道元が法華経のこのくだりを「私は三世諸仏が説法したのと同じしかたで、同じ内容の説法を行う」という意味ではなく、「私は三世諸仏が互いにまったく異なったしかたで説法を行っているのと同じように、他の仏たちとは異なった説法を行う」という意味に解釈していると考える必要がある。(9)

右のことからわかるように、道元は諸仏の説法というものを「ある時、ある場所で行われたある仏の説法」という個別的な性格をもつものと考えていたらしい。しかし、もし諸仏の説法が単に個別的であるのみならば、仏たちがそれぞれ自分の視点から言いたいことを言っているだけで終わってしまい、「伝法」というものは存在し得ないことになってしまう。伝法が行われ得るためには、仏の説法は何らかの普遍的な性格をもつものでなくてはならないだろう。次の第二段落ではこの問題の輪郭が描き出されることになるが、右で検討した法華経方便品の文句を引用した部分の直前にある「この説法、わづかに八万四千門の法蘊を開演するのみにあらず、無量無辺門の説法蘊あり」という文は、この問題に対して道元が見出した解決の方向を暗示している。すなわち、現象世界の中で個々の仏がそれぞれ説く八万四千門の教えは、この世界そのものであるところの説法の一部にすぎない。諸仏はこの無限の説法からその一部分を引き出して現象世界内部で説いているのである。そして、仏から仏へと伝えられるのは個々の仏の教えではなく、説法の全体、すなわちこの世界の全体だということになる。

ちなみに岩波文庫版のテクストでは「釈迦牟尼仏道」で改行の後一字下げているが、これは新しい段落を始めているわけではなく「釈迦牟尼仏」に尊敬を示すためであるので、字下げを削除する。[10]

しかあればすなはち

しかあればすなはち、諸仏の説法を使用するがごとく、諸仏は説法を使用するなり。諸仏の説法を正伝するがごとく、諸仏は説法を正伝するによりて、古仏より七仏に正伝し、七仏よりいまに正伝して無情説法あり。この無情説法に諸仏あり、諸祖あるなり。我今説法は、正伝にあらざる新条と学することなかれ。古来正伝は、旧窠の鬼窟と証することなかれ。（二一）

このようなことから、仏たちは〔他の〕仏たちが説法を使用するのと同じように説法を使用するのである。仏たちは〔他の〕仏たちが説法を正しく伝えているのと同じように説法を正しく伝えるので、「説法は」原初の仏から七仏に正しく伝えられ、七仏から今に至るまで正しく伝えられて、「われわれが今語ろうとしているところの」無情説法というものがある。〔そして、〕この無情説法の中に諸仏があり、諸祖が存在しているのである。〔右に引用した法華経方便品の〕「我今説法」という句を、「正しく伝えられた教えではない新しい考え方」と理解してはいけない。［また、］古来から正しく伝えられてきた教えを「鬼の住む古い洞窟」と考えてはいけない。

［略解］

「諸仏の説法を使用するがごとく、諸仏は説法を使用するなり」という文は一見同語反復に見えるが、これは「どのひとりの仏をとっても、その仏は他のすべての仏たちがしたのと同じしかたで説法を使用するのである」という意味であろう。ここで「説法を使用する」しかたというのは前段で見たように「世界そのものを説法の源泉として使用し、世界そのものを次の仏に伝えてゆく」というしかたである。つまり、説法そのものは異なっているのだが、説法をその源泉から引き出すしかたが同じなのである。

このようにして原初の仏から過去七仏に正しく伝えられ、さらに釈迦牟尼仏から今に至るまで伝えられている諸仏の説法が、われわれがここで論じる「無情説法」なのだという。ここで暗黙に「仏経」が「無情説法」と等置されている。

「この無情説法に諸仏あり、諸祖あるなり」という文では、「説法」と「仏」の循環性が再び表明されているが、ここでは「『説法』が『諸仏諸祖』を包含している」という点が強調されている。

ここまでの記述から、道元が「伝法」に関して想定しているふたつのモデルを抽出することができる。まず、「先仏の説法を後仏は説法す」というモデルは次のように図示される。ここでは固定的な説法が仏から仏へと伝達されており、道元によればこれは誤った考え方である。

これに対して「無情説法」の伝法モデルは次のように図示される。

図一

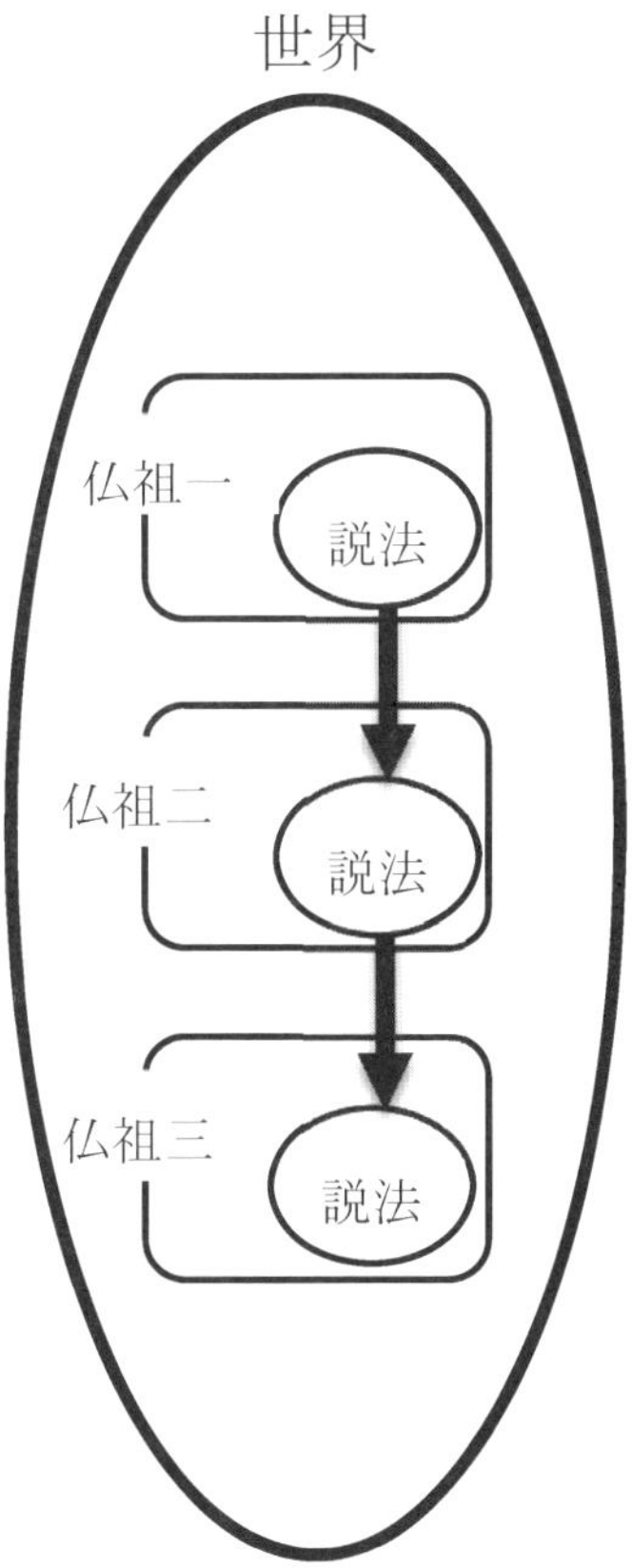

図二

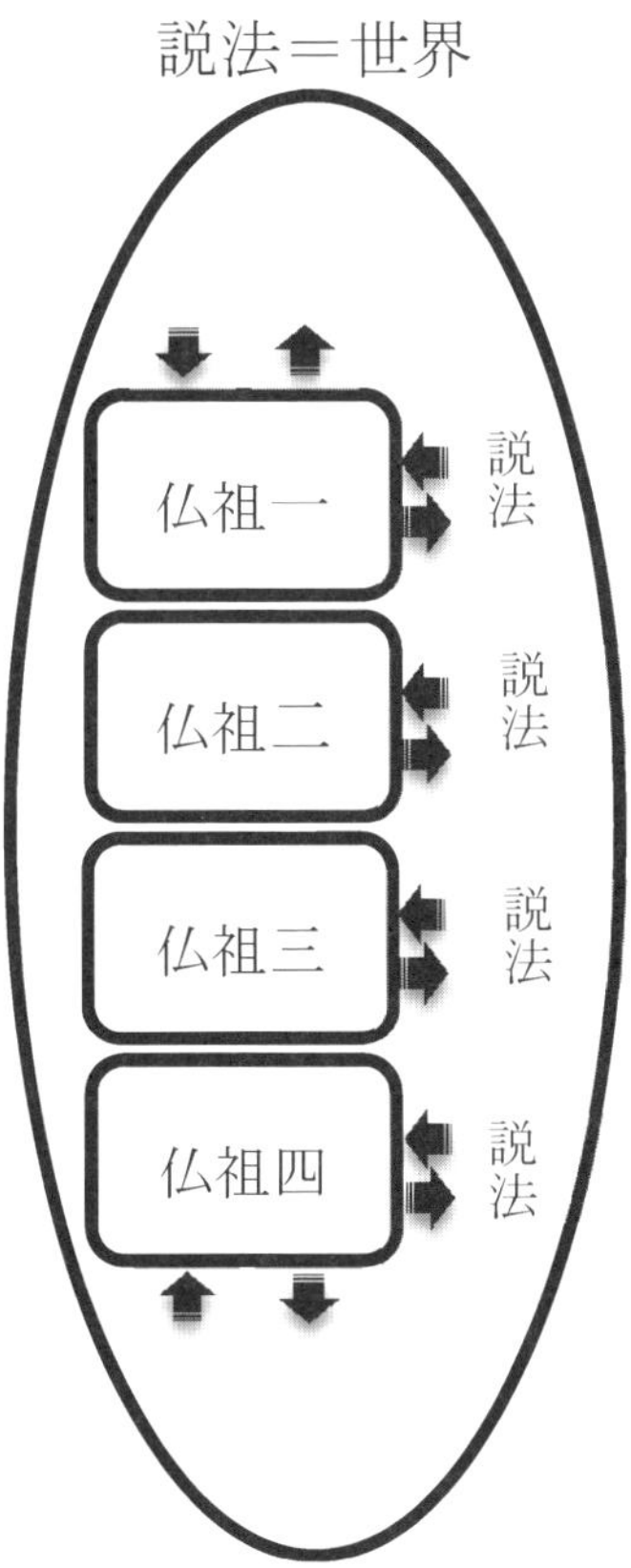

ここでは仏祖は説法の中に含まれており、伝法は世界＝説法の全体を伝達することによって行われる。

右のような伝法のモデルを前提とすると、段落末尾の「我今説法は、正伝にあらざる新条と学することなかれ。古来正伝は、旧窠の鬼窟と証することなかれ」を理解することができる。すなわち、ある仏がそれまでに説かれなかった新しい教え（前の仏が説かなかった教え）を説いた場合、図一のスキームではその教えに根拠を与えることができない。それが「新しい教え」であるのなら、それは前の仏から伝承されたものではないからである。つまり、ある仏が新しい教えを説いた場合、それは必然的に「正伝にあらざる新条」となってしまう。またこのスキームでは、新しい時代に新しい状況が出来した場合にも「古来正伝」されてきた教えに変更を加えることができない。すなわち、古来の教えは「旧窠の鬼窟」となってしまう。これに対し図二のスキームでは、仏によってどのような新しい教えが説かれたとしても、それは無限の無情説法＝仏経の中にすでに含まれている。したがってそれは「正伝にあらざる新条」ではない。また、仏は新しい状況に対応して柔軟な教えを説くことができるので、それは「旧窠の鬼窟」でもない。つまり道元においては、ある教えが正しいかどうかは「その教えが今までに現象世界において先行の仏によって説かれたことがあるかどうか」ということとは基本的に無関係だと考えられているのである。そして説法世界論の観点から言えば、現象世界において説かれうる仏説はすでにすべて説法世界のうちにいわば可能態として存在している。

大唐国西京光宅寺大証国師

大唐国西京光宅寺大証国師、因僧問、「無情還解説法否《無情また解く説法すや否や》」。

国師曰、「常説熾然、説無間歇《常説熾然、説くに間歇無し》」。

僧曰、「某甲為甚麼不聞《某甲甚麼と為てか聞かざる》」。

国師曰、「汝自不聞、不可妨他聞者也《汝自ら聞かざるも、他の聞くを妨ぐべからざる者なり》」。

僧曰、「未審、什麼人得聞《未審、什麼人か聞くことを得る》」。

国師曰、「諸聖得聞《諸聖聞くことを得》」。

僧曰、「和尚還聞否《和尚また聞くや否や》」。

国師曰、「我不聞《我れ聞かず》」。

僧曰、「和尚既不聞、争知無情解説法《和尚既に聞かず、争んぞ無情解く説法するを知らんや》」。

国師曰、「頼我不聞。我若聞則斉於諸聖、汝即不

大唐国の長安光宅寺の大証国師（慧忠）に、ある僧が質問した。「無情も説法できますか。」

国師が言った。「いつも盛んに説いている。絶え間なく説いている。」

僧が言った。「私にはどうして聞こえないのですか。」

国師が言った。「君に聞こえないからといって、他の者に聞こえないとは限らないだろう。」

僧が言った。「よくわかりません。誰がそれを聞くことができるのですか。」

国師が言った。「諸聖がそれを聞くことができる。」

僧が言った。「和尚にも聞こえますか。」

国師が言った。「私は聞かない。」

僧が言った。「和尚に聞こえないというのなら、どうして和尚は無情が説法できると知っているのですか。」

聞我説法《頼ひに我れ聞かず。我れ若し聞かば則ち諸聖に斉し、汝即ち我が説法を聞かざらん》」。

僧曰、「恁麼則衆生無分也《恁麼ならば則ち衆生無分なり》」。

国師曰、「我為衆生説、不為諸聖説《我れは衆生の為に説く、諸聖の為に説かず》」。

僧曰、「衆生聞後如何《衆生聞きて後如何》」。

国師曰、「即非衆生《即ち衆生に非ず》」。


無情説法を参学せん初心晩学、この国師の因縁を直須勤学すべし。（三）

国師が言った。「幸いにして私は聞かないのだ。もし私がそれを聞いたならば、私は諸聖の側にいる。君は私の説法を聞かないだろう。

僧が言った。「もしそういうことであるならば、衆生は［説法に］与れないことになります。」

国師が言った。「私は衆生のために説いている。諸聖のために説いているのではない。」

僧が言った。「衆生にもし聞こえたならば、その後はどうなりますか。」

国師が言った。「もはや衆生ではない。」


無情説法を学ぼうとする初心者は、この国師の話を必ず学ばなければならない。

［略解］

出典は『洞山録』。[11] この問答の若干異なったバージョンは『景徳伝燈録』二八および『祖堂集』三にも見られる。[12] 底本は「無情還解説法否」および「争知無情解説法」を「無情また説法を解すや否や」「争んぞ無情説法を解するを知らんや」と訓んでいるが、これは不適切であるので訓読を改め、「無情また解《よ》く説法すや否や」「争んぞ無情解《よ》く説法するを知らんや」とした。

道元は本段から第十段にかけて、慧忠の問答を説法世界論によって説明している。この慧忠の問答はまた、第十一段以下で提示される雲巌・洞山の問答と密接に関係している。

道元の解釈の重要なポイントとなっているのは、慧忠の「我不聞」という句である。これについては特に第七段において論ずる。

ちなみに、すでに序論で述べたように、道元の解釈を歴史上の大証国師慧忠の思想と単純に同一視することはできない。われわれが読み取ろうと試みるのはあくまで「道元によって『慧忠の問答の解釈』という形で提示された考え方」であり、「慧忠の思想」そのものではない。他方また、ここで提示されている解釈が道元自身によるものなのか道元以前の誰かによって考え出されたものなのかも不明である。

「常説熾然、説無間歇」とあり

「常説熾然、説無間歇」とあり。「常」は諸時の一分時なり。「説無間歇」は、「説」すでに現出するがごときは、さだめて「無間歇」なり。「無情説法」の儀、かならずしも有情のごとくにあらんずると参学すべからず。有情の音声および有情説法の儀のご

「いつも盛んに説いている。絶え間なく説いている」とある。「常に」というのはさまざまな時間区分のうちのひとつである。「絶え間なく説いている」というのは、「説」［法］が現出しているとき、それは必ず『絶え間なく』［現れている］」ということで

とくなるべきがゆゑに、有情界の音声をうばうて無情界の音声に擬するは仏道にあらず。無情説法かならずしも声塵なるべからず。たとへば、有情の説法それ声塵にあらざるがごとくなり。しばらく、いかなるか有情、いかなるか無情と、問自問他、功夫参学すべし。（四）

ある。無情説法のあり方については、「きっと有情の［説法の］ようなものだろう」と考えてはならない。「有情の音声や有情の説法のしかたと同様であろう」という想定にもとづいて、有情の世界の音声のあり方を無情の世界の音声に当てはめるのは、仏の教えではない。無情の説法は必ずしも耳に聞こえるもの（声塵）とは限らない。たとえて言えば、有情の説法が耳に聞こえるもの［のみ］でないのと同じである。まずは、「有情とはどのようなものか」「無情とはどのようなものか」と自らに問い、他者に問うて、よく考え学べ。

［略解］

「「常」は諸時の一分時なり」という文の意図はあまりはっきりしないが、おそらく「『常住不滅』という意味ではなく、単に『いつも』という意味だ」ということなのであろう。

「「説」すでに現出するがごときは、さだめて「無間歇」なり」という文は、「説法は、現象世界が現れている間、絶え間なく説かれ続けているのだ」という意味に解釈する。

これに続く「「無情説法」の儀、かならずしも有情のごとくにあらんずると参学すべからず」以下は、無情説法が現象世界の音声とは異なったものであることを説明している。ここで道元が「無情説法」と呼んでいるものは、第二段で示唆されたとおり「諸仏の説法」と同じものである。これは「仏経」巻で「仏経」もしくは「経巻」と呼ばれているものである。

「たとへば、有情の説法それ声塵にあらざるがごとくなり」という文については、「現象世界における説法というものが（聴覚を介して理解されるものでありながらも）実際には単なる聴覚対象にとどまるものではないのと同じである」というほどの意味に解しておきたい。

段落の最後に「いかなるか有情、いかなるか無情と、問自問他、功夫参学すべし」という問題が提示されている。この問いは次の段落における「無情」の定義の問題へとつながってゆく。

しかあれば、無情説法の儀、いかにかあるらんと

しかあれば、無情説法の儀、いかにかあるらんと審細に留心参学すべきなり。愚人おもはくは、樹林の鳴条する、葉花の開落するを無情説法と認ずるは、学仏法の漢にあらず。もししかあらば、たれか無情説法をしらざらん、たれか無情説法をきかざらん。しばらく廻光すべし。無情界には草木樹林ありやなしや、無情界は有情界にまじはれりやいなや。しか

このようなことから、「無情説法というもののあり方はどのようであるだろうか」と、詳しく留意して学ぶべきである。愚かな人が思うように「林が風で鳴ったり、木の葉や花が咲いたり落ちたりするのが無情説法だ」と考えるのは、仏の教えを学ぶ者のすることではない。もしそうであったとしたら、無情説法を知らない者、無情説法を聞かない者などど

あるを、草木瓦礫を認じて無情とするは不遍学なり。無情を認じて草木瓦礫とするは不参飽なり。たとひいま人間の所見の草木等を認じて無情に擬せんとすとも、草木等も凡慮のはかるところにあらず。ゆゑいかんとなれば、天上人間の樹林、はるかに殊異あり、中国辺地の所生ひとしきにあらず。海裏山間の草木、みな不同なり。いはんや空におふる樹木あり、雲におふる樹木あり。風火等のなかに所生長の百草万樹、おほよそ有情と学しつべきあり、無情と認ぜられざるあり。草木の人畜のごとくなるあり。有情無情いまだあきらめざるなり。いはんや仙家の樹石・花果・湯水等、みるに疑著およばずとも、説著せんにかたからざらんや。たゞわづかに神州一国の草木をみ、日本一州の草木を慣習して、万方尽界もかくのごとくあるべしと擬議商量することなかれ。(五)

こにもいないということになるだろう。まずは視点を転回させてみよ。無情の世界には草木や林があるだろうか。無情の世界と有情の世界の間には交わりがあるだろうか。このようであるのに［単純に現象世界の］草木や瓦礫を「無情」と認知するのは、学びが不徹底だからである。「無情」を草木や瓦礫と認知するのは修行が不十分だからである。仮に今、人間の目に見える草木などを「無情」と同定しようとしたとしても、［実は］「草木」などといったものも凡人の浅い考えで推し量れるようなものではない。それはなぜかというと、天上界の樹林と人間界の樹林とははるかに異なったものであり、また世界の中心地(インド)と辺境の植生は同じではない。海辺の草木と山間地の草木も異なっている。まして や空中に生える樹木もあり、雲に生える樹木もある。風や火の中に生長する無数の樹木には、有情とされるべきもの、無情と認められないものがある。人間や家畜に似た草木もある。［それらは］有情なのか無情なのか判別することができない。ましてや仙人の世界の樹石、花果、湯水などは、一見して疑いなく〔無情であるように〕見えるものでも、はっきりと判定することは難しい。わずかに神州（漢土）という一国の草木を見、日本という一国の草木になじんで、「全世界がこのようであるだろう」と推測してはいけない。

〔略解〕

一般に「無情説法」と言った場合、たとえば「樹林が枝をそよがせる音」を「樹木からのメッセージ」と捉えるような見方がイメージされることが多いと思われるが、「樹林の鳴条する、葉花の開落するを無情説法と認ずるは、学仏法の漢にあらず」の句はこのような考え方を退けている。すなわち、無情説法というものは単なる「コード化・メッセージの送信・解読」のプロセスではない。

「しばらく廻光すべし」以下の部分では、「無情の世界には草木や林があるだろうか」「無情の世界と有情の世界の間には交わりがあるだろうか」という問いが立てられている。後続の文から考えると、道元はわれわれの仏教的常識にある「有情」「無情」の概念に何らかの違和感をもっているらしい。通常、「有情」という語は「意識をもつもの」を意味し、これに対して「無情」は「意識をもたないもの」を意味する。しかし、道元が述べるところによれば、「無情」という言葉が草木瓦礫を指すのは、われわれの観察範囲が狭すぎることによる偶然にすぎないという。言いかえれば、われわれの知らない場所（天上界など）には意識をもつ草木瓦礫もあるかもしれない。そうしたものは草木瓦礫であっても「有情」と呼ばれてしかるべきだろう。

右の議論は一見つまらない議論のように見える。しかし、道元がここで暗黙のうちに問いかけているのは、「ではその逆はどうか」すなわち「無情と呼ばれるべきものは何であるか」ということに違いない。人間であって「無情」と呼ばれるべきものが存在していないだろうか。もしいるとしたら、それはどのような人々なのだろう。[13]

文中の「中国」は「世界の中心地」という意味で、ここではインドを指すと考えられる。「神州」は日本ではなく、漢土を指している。

国師道、「諸聖得聞」

国師道、「諸聖得聞」。

いはく、無情説法の会下には、諸聖立地聴するなり。諸聖と無情と、聞を現成し、説を現成せしむ。無情すでに諸聖のために説法す。聖なりや、凡なりや。あるいは無情説法の儀をあきらめをはりなば、諸聖の所聞かくのごとくありと体達すべし。すでに体達することをえては、聖者の境界をはかりしるべ

国師が言う、「諸聖にはそれが聞こえる。」

ここで述べられているのは、「無情説法の場においては諸聖が地に立って聴法する」ということである。諸聖と無情とが「聞」を現出させ、「説」を現出させるのである。無情はすでに諸聖のために説法している。［無情は］聖なのか、凡俗なのか。あるいは、無情説法のあり方を明らかにし終わったなら

し。さらに超凡越聖の通霄路の行履を参学すべし。

（六）

ば、「諸聖に聞こえているのはこのようなものであったのだ」と、体で了解することもできるかもしれない。体で了解することができたならば、諸聖の境地をはかり知ることもできよう。さらに凡聖を超越する道のあり方を学ぶこともできよう。

［略解］

この段では「諸聖」「無情」「凡（衆生）」という三項が提示されている。一見したところ、慧忠はこの「什麼人得聞」「諸聖得聞」という問答で「諸聖」の「衆生」に対する優越性を強調しているように見える。しかし、道元はそれが見かけ上のものにすぎないと考えているようである。ちなみに「諸聖」が何を指しているかというのは重要な問題なのだが、これについては第八段で扱う。

慧忠の対論者である僧は、「慧忠は『凡夫』が『聖』となる道を説いている」と想定しているようである。道元はこれと同じ想定が読者の頭の中にもあると見ている。道元は最初のうちこの読者の頭の中にある図式を壊さないように「諸聖と無情と、聞を現成し、説を現成せしむ」などと述べ、無情説法に導かれ「衆生」から離れてゆく「諸聖の道」を称揚するかのような言葉を並べているのであるが、その合間にさりげなく「聖なりや、凡なりや」という伏線を敷いている。一方、読者は段落の最後に置かれた「さらに超凡越聖の通霄路の行履を参学すべし」という文に突き当たって奇妙な違和感を抱くはずである。——「凡聖の対立を超越してゆく道」とは一体何のことだろう。道元は「『凡』から『聖』へと進んでゆく道」について説明しているのではなかったのか。――いずれにせよ、問答の中の僧はまだ慧忠が「『凡』から『聖』へと進んでゆく道」を説こうとしていると考えている。道元もこのヒントだけで読者がこの問答の意味するところを十分に理解し得たとは考えていないらしく、以下においても読者が僧と同じ誤解にとらわれているものとして話を進めている。

国師いはく、「我不聞」

国師いはく、「我不聞」。

この道も容易会なりと擬することなかれ。超凡越聖にして不聞なりや。擘破凡聖窠窟のゆゑに不聞なりや。恁麼功夫して、道取を現成せしむべし。(七)

国師が言う、「私は聞かない。」

この言葉も、容易に理解できるものだと思い込んでいてはいけない。凡聖を超越していながら「不聞」なのか。[あるいは]凡とか聖とかいった穴倉を開き破ったために「不聞」なのか。このように研究して、言葉による表現を現出させよ。

[略解]

「不聞」という語はこの問答の解釈におけるもっとも重要なポイントとなっている。ちなみに『正法眼蔵』におけるこの語の一般的な重要性はすでに松岡由香子の「仏向上事」巻に関する研究によって正しく指摘されているが、(14) この語のもつ意味合いについてはここで新たに論じ直す必要がある。慧忠のこの問答は「仏向上事」巻では扱われておらず、このため松岡はここに現れる「不聞」の例については詳しく論じていない。

まず「聞」の字の意味について確認しておく必要がある。小川隆によれば「こちらから耳をはたらかせて能動的に「きく」ことを「聴」といい、むこうから耳にはいってきて自ずからに「きこえる」ことを「聞」という。[15]」すると、この問答における「不聞」という語は、文字どおりには「聞こえない」を意味していなければならないはずである。しかし、問答に対する道元のコメントに目を移してみた場合、ここに見える「超凡越聖にして不聞なりや」という句は、道元が『聞こえない』という解釈は実は慧忠の意図するものではないと考えていることを示唆しているようである。対論者である僧がここまで「聞」「不聞」を一貫して「聞こえる」「聞こえない」と理解してきているということは明白である。――われわれの世界とさとりの世界の間には断絶がある。無情説法が聞こえれば自分にもさとりが得られるかもしれない。断絶の彼方へ渡っていくことができるかもしれない。しかし聞こえなければさとりが得られる望みはない。道の尽きたところで朽ち果てるしかない。しかし無情説法とは果たして本当に「聞こえる」ものなのだろうか。世に隠れもない人天の師、大証国師慧忠和尚には、無情説法が聞こえているのか。――慧忠は僧に対して「不聞」と答えるのだが、道元が「超凡越聖にして不聞なりや」と問うているのはまさにこの場面である。つまり、道元は読者の頭の中にある「聞こえない」という理解を捉えて、「ちょっと待て。慧忠のような人にしてなお『聞こえない』というのは、一体どういうことなのだ」と問うているのである。

「聞こえない」が慧忠の意図するところでないのであれば、道元はこの「不聞」を「聞かない」「聞こうとは思わない」という意味に解しているということになるだろう。しかし、そのような解釈は漢語の語法に反しているのではないかというのが、われわれの問題となる。もし「聞かない」と言いたかったのであれば、慧忠は「不聴」と言ったはずではないか。道元はここで語法を無視して問答に好き勝手な解釈を加えているのではないだろうか。——筆者の答えは否である。漢語の標準的な語法に従いつつ「不聞」を「聞かない」と解釈し得る条件がひとつある。それは、慧忠の頭の中に「無情説法は耳で聴くものではない」という前提があったと想定することである。こちらから耳をはたらかせて能動的に「きく」ことを「聴」という以上、慧忠は「和尚還聞否」という問いに「不聴」と答えることはできない。「私は無情説法に耳を傾けない」と述べるためには、「不聞」と言う以外の選択肢はなかったのである。ちなみにこの「無情説法は耳で聴くものではない」という前提は本巻第十一段以下で取り上げられる雲巌と洞山の問答の主題ともなっている。慧忠はこれを明示的に述べてはいないが、「不聞」という言葉のこのような使われ方は慧忠（『洞山録』の慧忠）が雲巌・洞山に先立ってこの命題に到達していた可能性を示唆しているだろう。

いずれにせよ、僧は慧忠が「私はそんなものを聞きたいとは思っていない」と言っているのに気づかない。彼は「そうか、国師にすら無情説法は聞こえていないのか」と考えている。

「超凡越聖にして不聞なりや」を右のように解釈すると、後続の「擘破凡聖窠窟のゆゑに不聞なりや」は、「凡聖の壁を叩き破った音がやかましくて聞こえなかったとでも言いたいのかね」という皮肉として解釈することができる。つまり、「もし仮に『不聞』を『聞こえない』と解した場合、このような馬鹿馬鹿しい解釈でもするより他に理解のしようがなくなってしまうだろう」という意味になる。

「道取を現成せしむべし」という句は単に、「このことについての理解を示してみせるために、ひとつ自分の言葉で言い表してみよ」という意味であろう。

本段に関する以上の議論で明らかになったのは、慧忠がここで「不聞」という言葉の意味をいわばすり替えているということである。つまり、慧忠は僧の問いの文脈を書き換え、彼の視線をまったく別の方向へ向けさせようとしている。次の第八段以下では慧忠が示している方向とはどのような方向であるかが示される。

ちなみに本段で再構成した「不聞」に関する道元の解釈はきわめて重要な問題の存在を指し示している。道元が引用しているのはこの問答の『洞山録』バージョンなのだが、『祖堂集』および『伝燈録』に収録されているバージョンでは、慧忠は「和尚には聞こえるのですか」という問いに対して「我れも亦た聞かず」と答えている。この「我れも亦た聞かず」が「聞かない」ではなく「聞こえない」を意味していることは明白である。つまりこの慧忠の問答の『洞山録』バージョンと『祖堂集』『伝燈録』バージョンとは、この「亦」の一字の有無によって内容的に互いに全く異なったものとなっているのである。

国師いはく、「頼我不聞。我若聞則、斉於諸聖」

国師いはく、「頼我不聞。我若聞則、斉於諸聖」。

この挙示、これ一道両道にあらず。「頼我」は凡聖にあらず、「頼我」は仏祖なるべきか。仏祖は超凡越聖するゆゑに、諸聖の所聞には一斉ならざるべし。（八）

国師は言う、「幸いにして私は聞かないのだ。もし私がそれを聞いたならば、私は諸聖の側にいる。」

この教示は［単なる］断片的な発言ではない。「幸いにして私は」［と述べているこの慧忠という人は］凡でも聖でもない。「幸いにして私は」仏祖であるというのだろうか。［もしそうであれば、］仏祖は凡聖を超越しているのであるから、［彼の境地は確か国師道の「汝即不聞我説法」の理道を修理して、諸仏諸聖の菩提を料理すべきなり。その宗旨は、いはゆる無情説法、諸聖得聞。国師説法、這僧得聞なり。この道理を、参学功夫の日深月久とすべし。（九）

しばらく国師に問著すべし、「衆生聞後はとはず、衆生正当聞説法時、如何」。（十）

に」諸聖の聞くところのものとは等しくはないだろう。

国師の言う「君は私の説法を聞かないだろう」という言葉の筋道を勘案して、仏たちや聖者たちのさとりをそれぞれ位置づけるべきである。そのもっとも重要な点は、ここで言われている「無情が説法すれば諸聖がそれを聞くことができ、国師が説法すればこの僧がそれを聞くことができる」である。この道理を、長い修行の間に深めていくようにせよ。

ひとつ国師に質問してみよう。「衆生が「無情説法を」聞いた後のことはさておき、衆生がまさにそれを聞いているときはどうでしょうか。」

［略解］

この部分も難解だが、まず第八段で道元が再び「超凡越聖」という言葉を使っている点に注目しよう。ここで重要なのは、道元が「凡」だけではなく「聖」も超越される必要があると考えていたらしいという点である。そしてこの視点から「仏祖は超凡越聖するゆゑに、諸聖の所聞には一斉ならざるべし」という文を見た場合、それが含意しているのは「『仏祖』は『諸聖』よりも上位に位置している」ということでなくてはならない。つまり道元は、問答中の「諸聖」が「仏祖」を指すものではなく、「極めてすぐれた修行者ではあるがわれわれの模範とすべきではない人々」を指していると考えている。「聖」という語が基本的に「凡」の対立概念であり声聞を含み得るという事実を考えると、この「諸聖」とは「高位の声聞たち」であるかもしれない。(16) あるいはことによると仏教外の聖者たちが示唆されている可能性も考えられる。

慧忠と「諸聖」の位置関係を右のように捉えた場合、「もし私がそれを聞いたならば、私は諸聖の側にいる」（「我若聞則、斉於諸聖」）という慧忠の発言は、一般に理解されているような――そしておそらく僧が理解しているような――「私は君と一緒にこちら側にとどまるんだ」という意味ではなく、「私と彼らを一緒にしないでくれ」という意味になる。また、「幸いにして私は聞かないのだ」（「頼我不聞」）という言葉も、「私がこちら側にとどまっているからこそ、君はこのように私の説法を聞くことができるんだよ」という意味ではなく、「聞かないからこそ仏祖と同列の者たり得るんだ」という意味になるはずである。

右の解釈にそってここまでの慧忠の暗黙の主張を再構成するとすれば、それは次のようになる。「断絶というものは確かにある。しかしそんなことは実は問題ではない。断絶を超えていくものとして、無情説法を『聞かない』という態度があるのだ。われわれの取るべきなのは実はこの道である。そしてこれこそが仏祖の道なのだ。無情説法を『聞こう』とするのは『諸聖』の道である。」

道元は第九段でさらに、「汝即不聞我説法」の意味をよく考えるようにと述べる。確かに、右の位置関係の中に慧忠と僧を置いた場合、この句も、「もし私が諸聖（諸仏）の側にいたとしたら、君には私の説法が聞こえないだろう」という意味ではなく、「もし私が諸聖（われわれが模範とすべきでない修行者たち）の側にいたとしたら、彼らの側から述べられる私の説法に対して君のとるべき態度は、『私はそんなものに耳を傾けない』というものだ」という意味になるはずである。道元がここでかすかに示唆しているのは、これがこの後に示される洞山の「不聞」と同じものだということである。

道元が簡潔にまとめているように、この問答は字面の上では「無情説法、諸聖得聞。国師説法、這僧得聞」と述べているにすぎない。しかし以上から明らかなように「我不聞」以下の慧忠の言葉はすべて二重の意味をもっており、問答の表側で述べられていることは裏で述べられていることとまったく異なっている。

いずれにせよ道元によれば、われわれが行くべき道は「不聞」の道なのだという。すると、「しかし一体どのように『不聞』すればよいのか」というのが次の問題となるだろう。第十段の「衆生聞後はとはず、衆生正当聞説法時、如何」は次の洞山と雲巌の問答への導入になっている。その問いに答えたのは洞山だったということである。

高祖洞山悟本大師、参曩祖雲巌大和尚問曰

高祖洞山悟本大師、参曩祖雲巌大和尚問曰、「無情説法什麼人得聞《曩祖雲巌大和尚に参じて問うて曰く、無情説法は什麼人か聞くことを得る》」。

高祖洞山悟本大師が、その師である雲巌大和尚のもとに来て質問した。「無情説法はどのような人が聞くことのできるものなのですか。」

雲巌曩祖曰、「無情説法、無情得聞《無情説法は無情聞くことを得》」。

雲巌が言った、「無情説法は、無情が聞くことのできるものだ。」

高祖曰、「和尚聞否《和尚聞くや否や》」。

洞山が言った、「和尚には聞こえますか。」

曩祖曰、「我若聞、汝即不得聞吾説法也《我れ若し聞かば、汝即ち吾が説法を聞くことを得ざらん》」。
高祖曰、「若恁麼、即某甲不聞和尚説法也《若し恁麼ならば、即ち某甲和尚の説法を不聞ならん》」。
曩祖曰、我説汝尚不聞、何況無情説法也《我れ説くも汝なほ聞かず、何に況んや無情の説法をや》」。
高祖乃述偈呈曩祖曰《高祖乃ち偈を述して曩祖に呈するに曰く》、
也太奇、也太奇、《也太奇、也太奇、》
無情説法不思議。《無情説法不思議なり。》
若将耳聴終難会、《若将耳聴は終難会なり、》
眼処聞声方得知。《眼処に聞声して方に知ることを得ん。》（十一）

雲巌が言った、「もし私にそれが聞こえたなら、私の説法は君には聞こえない。」

洞山が言った、「もしそうなら、私は和尚の説法を聞きますまい。」

雲巌が言った、「私が［このように君の目の前で、君に理解できる言葉で］説いているのに、君はなお『聞きますまい』と言う。それなら当然、無情の説法についても［『聞きますまい』でなければならないだろう］。」

そこで洞山は詩偈を作って雲巌に示した。

ああすばらしい。すばらしい。

無情説法は不思議だ。

もし耳で聴こうとすればついに理解することができず
眼で音を聞いてはじめて知ることができる。

［略解］
この問答は『景徳伝燈録』十五に含まれているものとほぼ一致しているが、『洞山録』のものとはかなり

異なっている。つまり道元は慧忠の問答については『洞山録』を採用し、この雲巌と洞山の問答については『伝燈録』を採用している。実際のところ、前段まで論じられてきた慧忠の問答との整合性という観点から言えば、この『伝燈録』バージョンの方が道元の意図によりよく整合しているように見える。道元はここでソースの一貫性よりも論理的な整合性を重視したらしい。

いま高祖道の「無情説法什麼人得聞」の道理

いま高祖道の「無情説法什麼人得聞」の道理、よく一生多生の功夫を審細にすべし。いはゆるこの問著、さらに道著の功徳を具すべし。この道著の皮肉骨髄あり、以心伝心のみにあらず。以心伝心は初心晩学の辦肯なり。衣を挙して正伝し、法を拈じて正伝する関棙子あり。いまの人、いかでか三秋四月の功夫に究竟することあらん。高祖かつて大証道の「無情説法諸聖得聞」の宗旨を見聞せりといへども、いまさらに「無情説法什麼人得聞」の問著あり。これ肯大証道なりとやせん、不肯大証道なりとやせん。問著なりとやせん、道著なりとやせん。もし摠不肯

さて、洞山の言う「無情説法はどのような人が聞くことのできるものなのか」という問いの背後にある筋道については、一生をかけて、あるいは何度も生まれ変わりながらいくつもの人生をかけて、くわしく研究すべきである。ここで述べられているこの問いは、［実は単なる質問ではなく、］さらに彼の仏法理解を言葉で表現したものでもあるという顕著な性質をもそなえている。彼のこの言葉には［達磨が慧可に伝法した時と同じ］皮肉骨髄がある。「以心伝心」のみではない。「以心伝心」［などというもの］は初心者・後進者が懸命に取り組むところのもので

大証、争得恁麼道、もし摠肯大証、争解恁麼道なり。

（十二）

ある［にすぎない］。［そこから先に進むためにはさらに、］衣を捧げ持って正伝し、教えをひねって正伝するかんぬきのしかけがある。［昔の人ならともかく、］今の人がどうして三年や四年の修行で究極のところまで達することができるだろう。洞山は慧忠のかつて述べた「無情説法は諸聖に聞こえるものだ」という言葉の趣旨に触れていたにもかかわらず、今さらに「無情説法はどのような人に聞こえるものなのか」という問いを立てている。これは慧忠の言葉を肯定しているのか、否定しているのか。これは問いであると考えた方がよいのか、［それとも、］彼の仏法理解を言葉で表現したものであると考えた方がよいのか。もし慧忠の言葉全体を否定するなら、どうしてこのようなことが言えるのか。もし慧忠の言葉全体を肯定するなら、どうしてこのようなことが言えるのか。

［略解］

洞山の「無情説法はどのような人が聞くことのできるものなのか」という問いは無情説法が「聞かれ得る」ものであることを前提として発せられているようである。このため洞山はこの時点で慧忠の問答を十分理解していないように見える。しかし、道元の見るところでは洞山の問いには慧忠の問答にない重要な契機が含まれているという。つまり、洞山は独自の視点から慧忠の問答を見ているのであり、それは慧忠が彼の問答に込めた裏の意図すらも超えていく可能性をもつものだという。

道元の視線を暗示しているのは「この道著の皮肉骨髄あり」という句である。「皮肉骨髄」は二祖慧可の嗣法に関連した言葉であり、本文ではさらに「以心伝心」、「正伝」といった語がこれに続いている。すなわちここで道元は「伝法」という主題に視線を向けているのである。そしてこの点から洞山の言葉について考えてみた場合、確かに慧忠の問答には言い尽くされていないところがある。慧忠は無情説法についてきわめて興味深い見方を提示しているが、彼の問答には「それでは教えはどのように伝えられるのか」という問題への解決が与えられていないのである。

道元の解釈によれば慧忠は「衆生」と「諸聖」の対立を超えてゆく道を示しているのだった。しかし、この道をどこまでも行けば衆生がいつか無情説法を理解できるようになるというわけではない。無情説法とはあくまでも、われわれがそれに対して「不聞」であるべき何かなのである。洞山が指し示しているのは、「しかしそれでも人間はこの絶対的な断絶を超えて教えを伝えているではないか」という一点である。「法を拈じて」という句はあるいは「将錯就錯」という言葉を念頭に置いたものかもしれない。(17)

曩祖雲巌曰、「無情説法、無情得聞」

曩祖雲巌曰、「無情説法、無情得聞」。

この血脈を正伝して、身心脱落の参学あるべし。いはゆる「無情説法、無情得聞」は、諸仏説法、諸仏得聞の性相なるべし。無情説法を聴取せん衆会、たとひ有情無情なりとも、たとひ凡夫賢聖なりとも、これ無情なるべし。この性相によりて、古今の真偽を批判すべきなり。たとひ西天より将来すとも、正伝まことの祖師にあらざらんは、もちゐるべからず。たとひ千万年より習学すること聯綿なりとも、嫡々相承にあらずは嗣続しがたし。いま正伝すでに東土に通達せり、真偽の通塞わきまへやすからん。たとひ「衆生説法、衆生得聞」の道取を聴取しても、諸仏諸祖の骨髄を稟受しつべし。雲巌曩祖の道を聞取し、大証国師の道を聴取して、まさに与奪せば、「諸聖得聞」の道取する「諸聖」は無情なるべし。「無情得聞」と道取する「無情」は諸聖なるべし。無情

雲巌が言った。「無情説法は、無情が聞くことのできるものだ。」

この脈々と伝えられてきた教えを正しく伝えて、「身心脱落」を学べ。ここで言われている「無情説法は、無情が聞くことのできるものだ」という言葉は、「諸仏の説法は諸仏が聞くことのできるものだ」という言葉と「本質―現象」の関係にあると言えるであろう。もし仮に無情説法を聴き取るものたちがいたとしたら、それらは有情であれ無情であれ、凡人であれ賢者であれ、みな無情であるはずだ。この本質―現象関係にもとづいて、古今の［さまざまな見解の］真偽を検討すべきである。たとえインドからもって来た教えであっても、真の祖師から正しく伝えられた教えでないのならば、採用してはならない。たとえ何千年何万年も昔から連綿と習学されてきた教えであっても、筋目正しい相承によって伝え

所説無情なり、無情説法即無情なるがゆゑに。しかあればすなはち、無情説法なり、説法無情なり。

（十三）

られたものでないのなら受け継ぐべきではない。今、正しい教えはすでに［われわれの住む］東の地にまで来ている。真偽の正しい道筋を見分けることは容易であろう。たとえ「衆生の説法は、衆生の耳に聞こえる」という［平凡な］言葉を聴いたとしても、諸仏諸祖の骨髄を受け取ることができるだろう。雲巌の述べるところを聞いて理解し、慧忠の述べるところに耳を傾けて比較考量するならば、「諸聖には聞こえる」に言う「諸聖」は無情であるはずである。「無情には聞こえる」に言う「無情」は諸聖であるはずである。無情が説くところのものは無情である。なぜなら無情説法はすなわち無情だからである。このゆえに、「無情が法を説く」のであり、「説法は無情」である。

［略解］

本段の議論にはやや不可解なところもあるが、一応の筋道をつかんでおきたい。

まず、本段後半で道元が「雲巌曩祖の道を聞取し、大証国師の道を聴取して、まさに与奪せば」云々と述べて慧忠の「諸聖得聞」を引き合いに出しているところに注目しよう。道元が右の言葉に続いて述べている「『諸聖得聞』の道取する『諸聖』は無情なるべし。『無情得聞』と道取する『無情』は諸聖なるべし」という言葉は、本段で問題となっている雲巌の「無情説法、無情得聞」が実はすでに見た慧忠の「(無情説法、)諸聖得聞」と同値であるということを示唆している。本巻第八―十段で論じたように、「諸聖」とはわれわれが模範とすべきでない修行者たちであり、慧忠が「諸聖得聞」という言葉で実際に述べようとしたのは「諸聖は無情説法を聞くことができるかもしれないが、君は諸聖の方へ行ってしまってはだめだぞ」ということであった。すると、雲巌がここで言おうとしているのも「君はあっちの方へ行ってしまってはだめだぞ」ということであるらしい。

段落冒頭の部分に戻ると、道元は雲巌の「無情説法、無情得聞」という言葉が「諸仏説法、諸仏得聞」の「性相」であると述べている。これはこれらふたつの命題が「本質とその現象形態の関係にある」という意味らしいが、要するに「別のものではない」ということであろう。するとこの「諸仏説法、諸仏得聞」もまた、「君はあっちの方へ行ってしまってはだめだぞ」という意味でなくてはならない。これは一見したところでは奇妙な結論に見えるかもしれないが、道元がここで言いたいのは「われわれがとるべき道は『不聞』の道以外にない」ということに違いない。われわれは「仏」の方へ行こうとしてもいけないのである。

以上の点は本巻のここまでの内容と大体において符合しているが、本段での道元の記述には微妙な不協和音が混入しているように見える。以下にこの問題について簡略に述べておきたい。

本段前半部分で道元は、雲巌の「無情説法、無情得聞」に対するコメントとして「無情説法を聴取せん衆会、たとひ有情無情なりとも、たとひ凡夫賢聖なりとも、これ無情なるべし」と述べている。すでに慧忠の問答に関して議論したように、「無情説法を聴こうと試みる」というのはそもそも根本的に誤ったアプローチであり、道元がこの「無情説法を聴取せん衆会」という句で指しているのが「われわれの模範とすべきではない人々」であることは明らかである。[18] つまり道元がこの句で指しているのは慧忠が「諸聖」と呼んだのと同じ人々であっただろう。もっとも、ここで興味深いのは道元が右の「無情説法を聴取せん衆会」は「無情」であると述べていることである。確かに、「無情説法、無情得聞」が「(無情説法、)諸聖得聞」と同じ意味合いをもつのであれば、字面の上ではそこから「諸聖＝無情」という等式を引き出すことができる。その前提に基づいて「無情説法を聴取せん衆会＝無情」と述べることは可能である。しかし問題は、なぜこれを述べる必要があったのかが不明だという点である。道元は本段の末尾でこの論理をさらに押し進め、「無情所説無情なり、無情説法即無情なるがゆゑに。しかあればすなはち、無情説法なり、説法無情なり」と述べている。ここでは無情説法そのものが無情なのだと主張しているのであるが、この最後の「説法は無情である」という命題は本巻初段の「この説法は法説なり。有情にあらず、無情にあらず」と明白に矛盾している。そしてここでも、なぜ道元が「説法は無情である」と述べようと思ったのかという点は――少なくとも本段の文脈からは――まったく不明なのである。

この問題を解明するために現時点で十分な手がかりがあるとは言えないが、本巻第二一段に「いはくの無情、なにものなりとかせん。凡聖にあらず、情無情にあらずと参学すべし」という文があることに注目し、これを右に引用した本巻初段の文と比較すると、初段では「説法」が「有情にあらず、無情にあらず」と述べられているのに対し、第二一段の方では「無情」が「情無情にあらず」と述べられているのが目を引く。後者はそれ自体奇妙に非論理的な表現となっているが、道元の意図は「無情」という概念に「説法」とならぶ超越的な位置を与えるところにあったように見える。本段の記述に歪みをもたらしているのはおそらくこの動機であろう。「無情説法」巻は「仏経」巻の世界観を前提として書き始められたのであるが、以下に見る本巻第十五段から第十八段にかけて「意識を働かせていないとき、人間は世界＝仏経の中に織り込まれ、経の一部として存在している」というモチーフを洞山の「不聞」に読み込んでいく過程で、道元は「無情性」（意識をもたないこと）の重要性を再認識するに至ったのであろう。そこでこの第十三段にこの点を強調する語句をやや強引に挿入し、伏線としたものと思われる。「説法無情」という語は第二十七段で再び現れており、第二五―二七段では「自己を消去する」というテーマが前面に表れている。

高祖道の「若恁麼、則某甲不聞和尚説法也」

高祖道の「若恁麼、則某甲不聞和尚説法也」。

いまきくところの「若恁麼」は、「無情説法、無情得聞」の宗旨を挙拈するなり。「無情説法、無情得聞」の道理によりて、「某甲不聞、和尚説法也」なり。高祖このとき、無情説法の席末を接するのみにあらず、為無情説法の志気あらはれて衝天するなり。たゞ無情説法を体達するのみにあらず、無情説法の聞不聞を体究せり。すゝみて有情説法の説不説、

洞山の言う「もしそうであるなら、私は和尚の説法を聞きますまい」について。

ここに述べられている「もしそうであるなら」［云々という文］は、「無情の説法は、無情が聞くことのできるものだ」［という雲巌の言葉］の意味を取り上げている。［洞山は、］「無情の説法は無情が聞くことのできるものだ」という道理にもとづいて「私は和尚の説法を聞きますまい」と言う。洞山は

已説・今説・当説にも体達せしなり。さらに聞不聞の説法の、これは有情なり、これは無情なる道理あきらめをはりぬ。（十四）

この時、無情説法の末席に列しただけではなく、「無情のために説法してやろう」という志を顕にして天を衝いているのである。ただ「無情説法」というものを体で会得しているだけではなく、無情説法を「聞く」「聞かない」「とはどのようなことか」ということを体で究めているのである。そしてそこから進んで、有情説法の「説かれる」「説かれない」、「すでに説かれた」「今説いている」「未来に説くであろう」ということにも体で達している。そしてさらに、説法の聞・不聞について、「これは有情」「これは無情」であるという筋道を明らかにしたのである。

〔略解〕

前段の「無情説法、無情得聞」と本段の「若恁麼」との間には「和尚聞くや否や」「我れ若し聞かば、汝即ち吾が説法を聞くことを得ざらん」というやりとりがある。つまり、本段冒頭の洞山の「もしそうであるなら、私は和尚の説法を不聞です」は雲巌の「無情の説法は無情が聞くところのものだ。もし私がそれを聞いたなら、君は私の説法を聞くことができないだろう」[19]という言葉への答えなのであるが、すでに多くの先行研究が指摘しているとおり、[20]この「不聞」は文脈上明らかに「聞こえない」ではなく、「聞かない」「聞きますまい」と理解すべきものである。ちなみに底本では道元のコメントを「『某甲不聞、和尚説法也』なり」とし、「某甲不聞」と「和尚説法也」の間に読点を加えているが、この読点は右のテクストでは削除した。(21)

道元は雲巌と同じ位置に立って洞山の心の動きを観察している。洞山は問答の流れの中で、たまたまそこにあった棒を咄嗟につかんで打ちかかるように慧忠の「不聞」という言葉を使ったのであるが、この言葉に対するこの時点での洞山の理解はまったくの誤りである。しかし、それにもかかわらず道元はこれを高く評価する。「無情のために説法してやろう」という自分自身のいわば野心に引きずられて、洞山はついに正しい場所に踏み込んだのである。

「体達」「体究」という語については次の第十五―十八段で「聞法の利益」の問題として詳しく論じられるが、ここで道元が述べようとしているのは、洞山がいわばすでに正しい地点に立ちながら、自分が正しい地点に立っていることにまだ気づかず、誤った理解に基づいて正しい言葉を述べているということである。

「已説・今説・当説」の句は法華経法師品にあり、法華経の文脈では仏の説法が「無量千万億」であることを述べている。ここで道元は本巻初段から第二段で示された「説法の無限性」というモチーフを暗示しているようである。

おほよそ聞法は、たゞ耳根・耳識の境界のみにあらず

おほよそ聞法は、たゞ耳根・耳識の境界のみにあらず、父母未生已前、威音以前、乃至尽未来際、無

そもそも「聞法」というものは、「聴覚器官」とか「聴覚」という範囲のみに限ったものではない。

尽未来際にいたるまでの挙力挙心、挙体挙道をもて聞法するなり。身先心後の聞法あるなり。これらの聞法、ともに得益あり。心識に縁ぜざれば聞法の益あらずといふことなかれ。心滅身没のもの、聞法得益すべし。無心無身のもの、聞法得益すべし。諸仏諸祖、かならずかくのごとくの時節を経歴して、作仏し、成祖するなり。法力の身心を接する、凡慮いかにしてか覚知しつくさん。身心の際限、みづからあきらめつくすことえざるなり。聞法功徳の、身心の田地に下種する、くつる時節あらず。つひに生長ときとともにして、果成必然なるものなり。（十五）

それは、「父母が生まれる前」「威音王以前」から「時の終わりの時」「時の終わりのその先」に至るまで、言葉の力を尽くし心を尽くし、体のすべてを尽くし、言葉のすべてを尽くして教えを聞くことなのである。身体［が生まれる］前、心［が滅した］後にも聞法はある。これらの聞法には、いずれも何らかの利益がある。「意識のはたらきに関係しなければ聞法の利益はない」などと言ってはいけない。心と身体が滅し終えた者も、聞法して利益を得ることができるだろう。心や身体をもたない者も、聞法して利益を得ることができるだろう。仏たち、祖師たちは必ずこのような時期を経て、仏となり祖師となるのである。教えの力が心と身体を収め取るのを、凡人の浅慮がどうして認識しつくすことができるというのだろうか。心と身体の限界を自分自身で解明しつくすことなどできないのである。「聞法の功徳」という種が「心と身体」という田地にまかれると、それは決して朽ち滅びることがない。いつかは時とともに生い育ち、愚人おもはくは、たとひ聞法おこたらずとも、解路に進歩なく、記持に不敢ならんは、その益あるべからず。人天の身心を挙して博記多聞ならん、これ至要なるべし。即座に忘記し、退席に茫然とあらん、なにの益かあらんとおもひ、なにの学功かあらんといふは、正師にあはず、その人をみざるゆゑなり。正伝の面授あらざるを、正師にあらずとはいふ。仏々正伝しきたれるは正師なり。愚人のいふ心識に記持せられて、しばらくわすれざるは、聞法の功、いさゝか心識にも蓋心蓋識する時節なり。（十六）

この正当恁麼時は、蓋身蓋身先、蓋心蓋心先、蓋

かならず結果が成就する。

愚かな人は、「たとえ聞法を怠らずに行っていたとしても、［教理の］理解に進歩がなくまた［教理を］記憶することができないならば、その利益はないであろう。人間であれ天人であれ、その心と身体を挙げてできる限り多くを学び記憶することが最も重要である。すぐに忘れ、聞法の席から退出した後には何も頭に残っていないようであれば、何の利益もない」と考え、「［そのようであれば］何の学んだ甲斐があるだろう」と言うが、それは、正しい師に出会わず、真にすぐれた人に出会っていないからである。［ちなみに、］正伝［の仏法］を一対一で伝えられていない者を、「正しい師ではない」という。仏から仏へと正伝を受けてきたのが「正しい師」である。愚かな人の言う「意識に記憶され、しばらくの間忘れない」というのは、聞法の功徳がいくらか意識を覆っている時間である［にすぎない］。

これ（聞法）がまさしく行われている時には、身

心後、蓋因縁報業相性体力、蓋仏蓋祖、蓋自他、蓋皮肉骨髄等の功徳あり。蓋言説、蓋坐臥等の功徳現成して、弥綸弥天なるなり。(十七)

　まことにかくのごとくある聞法の功徳、たやすくしるべきにあらざれども、仏祖の大会に会して、皮肉骨髄を参究せん、説法の功力ひかざる時節あらず、聞法の法力かうぶらしめざるところあるべからず。かくのごとくして時節劫波を頓漸ならしめて、結果の現成をみるなり。かの多聞博記も、あながちになげすつべきにあらざれども、その一隅をのみ要機とするにはあらざるなり。参学これをしるべし、高祖これを体達せしなり。(十八)

体を覆い、身体の生まれる前を覆い、心を覆い、心の生まれる前を覆い、心の滅した後を覆い、因縁、報業、相・性・体・力を覆い、仏を覆い祖師を覆い、自分と他者を覆い、皮肉骨髄を覆う功用がある。言説を覆い、坐臥などを覆う功用が眼前に現れて、天地を覆うのである。

　このような聞法の功徳は容易に知られるものではないが、仏祖の大いなる法会に参加して皮肉骨髄を究明しようとするならば、説法の力が働かない時はなく、聞法の力を被らせせない場所はないはずである。このようにして長短の時間を「それぞれ」「頓悟」や「漸修」として、結果が眼前に現れるのを見るのである。[経論を]たくさん学び記憶することについても、[それを]しりぞけるべきだというわけではないものの、その一点のみが重要だというわけでもない。仏の道を学ぶ者はこれをよく知っておく必要がある。洞山はこれを体で知っていたのである。

［略解］

ここで雲巖と洞山の問答に関する説明が一旦中断され、「聞法」ということに関するやや長い説明が入る。この説明は一見唐突で不釣り合いなものに見えるが、[22]これによって洞山の「不聞」が説法世界論に接続されている。

この部分の中核となっているのは、第十五段の「心識に縁ぜざれば聞法の益あらずといふことなかれ」の一文である。道元がここで述べているのは、聞法の利益は意識のはたらきとは無関係だということである。つまり、教えとは必ずしも個人の意識によって聞かれ、理解されなければならないものではないというのである。このような聞法は時間というものの制約を受けず（「父母未生已前、威音以前、乃至尽未来際、無尽未来際」）、またそれは聴覚的次元のみに限られたものではない（「たゞ耳根・耳識の境界のみにあらず」）。それどころか心や身体が滅びてしまったものたち（「心滅身没のもの」）も、あるいはそもそも最初から心や身体をもたないもの（「無心無身のもの」）も聞法することができる。

同じ第十五段の少し後にある「法力の身心を接する、凡慮いかにしてか覚知しつくさん」という文は「仏経」巻第五段の「この経のわれらに受持読誦せらるゝは、経のわれらを接取するなり」とパラレルになっている。つまり、聞法する者が主体となって説法を「理解」するのではなく、説法の方が聞法者を包み、捉えるのだという。

無情説法＝仏経は聞法者に認知されることなく聞法者を包み込んでいる。意識を働かせていないとき、人間は世界＝仏経の中に織り込まれ、経の一部として存在している。ここで道元が暗示しているのは、洞山が「聞きますまい」と言った時、彼は自分でも気づかないうちにこの地点に立っていたということである。

第十六段は「愚人」の考え、すなわち一般に流布した誤った思い込みについて述べている。これは「説法は理解され、記憶されなければ意味がない」とする立場である。主知主義的な立場と言ってよいであろう。理解され記憶された説法などというものは一時的・限定的な効力をもつにすぎないと、道元は言う。聞法の実際のはたらきのあり方は第十七段から第十八段に述べられており、これによればその効力は現象世界のあらゆるものを覆い尽くし、天地を満たすのだという。それは一時的なものではなく、すべての時、すべての場所に及んでいる。このくだりは「仏経」巻第四段で「この経巻、よく蓋時に流布し、蓋国に流通す。教人の門をひらきて尽地の人家をすてず、教物の門をひらきて尽地の物類をすくふ。教諸仏し、教菩薩するに、尽地尽界なるなり」とあるのに対応している。

第十七段の「蓋因縁報業相性体力」は法華経方便品の「如是相、如是性、如是体、如是力、如是作、如是因、如是縁、如是果、如是報」による。

曩祖道、「我説汝尚不聞、何況無情説法也」

曩祖道、「我説汝尚不聞、何況無情説法也」。

これは高祖たちまちに証上になほ証契を証しもてゆく現成を、曩祖ちなみに開襟して、父祖の骨髄を印証するなり。（十九）

雲巌が言う、「私が説いているのに、君はなお『聞きますまい』と言う。それなら当然、無情の説法についても『『聞きますまい』』でなければならないだろう」」。

これは洞山が直ちにさとりの上にさとりを明証し

てゆくのを目の当たりにして雲巌が手の内を見せ、仏祖の骨髄を示して見せたということである。

「君はなお『聞きますまい』と言う」というのは、凡人がそのように言うのとは異なっている。たとえ無情説法が世界のすべてに行きわたっていても、それを認知すべきではないと明らかに示しているのである。この時の教えの引き継ぎは、まことに秘中の要訣である。凡なる衆生や「諸聖」などといった輩が容易に窺い知ることのできるようなものではない。

「なんぢなほ我説に不聞なり」、これ凡流の然にあらず。無情説法たとひ万端なりとも、為慮あるべからずと証明するなり。このときの嗣続、まことに秘要なり。凡聖の境界、たやすくおよびうかがふべきにあらず。（二十）

［略解］

ここでまた、雲巌と洞山の問答にもどる。

雲巌の「我れ説くも汝なほ聞かず」という言葉は、一見すると雲巌が「私の言うことをどうして聞かないのか。私の言うことが理解できないのに無情の説法が理解できるわけがないではないか」と洞山を叱責しているかのように見える。しかし道元の語るところを見ると、ここで雲巌は洞山が直前に述べた「もしそうであるなら、私は和尚の説法を聞きますまい」という言葉を何らかの意味で強く肯定しているようである。そこで雲巌の言葉の前半を「私がこのように君の目の前で、君に理解できる言葉で説法しているというのに、君は私の言葉を聞こうとしない。（ところが実を言うと、それはある意味で正しい態度なのだ）」という意味に解釈してみよう。そしてこれにもとづいて後半の「何況無情説法也」を解釈すると、それは「それなら無情説法に対しても、『私は無情説法を聞きますまい』という態度をとるべきではないのかね」という意味になるであろう。

洞山は雲巌との問答の開始時点で、慧忠の言葉のうち「衆生と無情説法の間には断絶がある」という点のみを理解していた。ここから洞山は、「しかしそれなら、仏の教えはいかにして師から弟子へと伝えられることができるのか」という問題に行き当たり、「では、こちら側から向こう側へと移ってやろう」と考えた。そこで彼は雲巌に「私は和尚の説法を聞きますまい」と言う。雲巌はこれを見逃さず、一言で核心を指す。「私の説法を聞かないのは大いに結構。その『聞かない』というのがまさしく重要なことなのだ。」

高祖ときに偈を理して雲巌曩祖に呈するにいはく

高祖ときに偈を理して雲巌曩祖に呈するにいはく、「無情説法不思議は、也太奇、也太奇なり」。

洞山がそのとき詩偈を作って雲巌に示して言うには、「無情説法の不思議なことは、ああすばらしい、ああすばらしい」。

しかあれば、無情および無情説法、ともに思議すべきことかたし。いはくの無情、なにものなりとかせん。凡聖にあらず、情無情にあらずと参学すべし。

このようなわけで、無情と無情説法はどちらも思い量ることが難しい。ここに「無情」と言われているのはいかなるものであるとしたらよいか。それは凡聖、情無情は、説不説ともに思議の境界およびぬべし。いま不思議にして太奇なり、また太奇ならん凡夫・賢聖の智慧心識、およぶべからず。天衆・人間の籌量にかゝはるにあらざるべし。（二一）

「若将耳聴終難会」は、たとひ天耳なりとも、たとひ弥界弥時の法耳なりとも、将耳聴を擬するには、「終難会」なり。壁上耳、棒頭耳ありとも、無情説法を会すべからず。声塵にあらざるがゆゑに。「若将耳聴」はなきにあらず、百千劫の工夫をつひやすとも、「終難会」なり。すでに声色のほかの一道の威儀なり、凡聖のほとりの窠窟にあらず。（二二）

凡でも聖でもなく、情でも無情でもないと学ぶべきである。凡聖、情無情は、説にせよ不説にせよ思考の限界の内にあるであろう。ここでは「思考を超え」て「すばらしい」［と言われており］、また、凡夫・賢聖のうち非常にすぐれた人々の智慧心識も及ぶことができない。天人や人間が思考できる範囲にかかわるものではないのである。

「耳で聴こうとしてもついに理解することは難しい」というのは、「たとえ天耳通であっても、たとえ空間と時間に遍く満ちた法耳であっても、『もし耳で聴こうと』するならば『ついに理解することができない』」ということである。もし壁に耳があったり棒の頭に耳があったとしても、無情説法を理解することはできない。［無情説法は］聴覚の対象ではないからである。「もし耳で聴いたら」ということがないとは言えないが、無限の時間の間修行したとしても、それを「ついに理解することはできない」。すでに「音」や「形」といったものの外にあるひと

「眼処聞声方得知。」

この道取を、箇々おもはくは、いま人眼の所見する草木花鳥の往来を、眼処の聞声といふならんとおもふ。この見処は、さらにあやまりぬ。またく仏法にあらず。仏法はかくのごとくいふ道理なし。(二一三)

高祖道の「眼処聞声」の参学するには、聞無情説法声のところ、これ眼処なり。現無情説法声のところ、これ眼処なり。眼処さらにひろく参究すべし。眼処の聞声は耳処の聞声にひとしかるべきがゆゑに、眼処の聞声は耳処の聞声にひとしからざるなり。眼処に耳根ありと参学すべからず。眼即耳と参学すべからず。眼裏声現と参学すべからず。(二一四)

つの形式なのであり、「現象世界の」凡夫だの聖人だのといった者たちのところにある洞穴ではない。

「眼で音を聞いてはじめて知ることができる。」

この表現を見て人々は、「人間の眼に見える草木や花や鳥の往来を『眼で音を聞く』と言っているのだろう」と考える。この見解はまったくの誤りであり、仏の教えではまったくない。仏の教えにはそのような筋道はない。

洞山の言う「眼で音を聞く」の考究においては、無情説法の声を聞くところ、それが眼である。無情説法の声を現すところ、それが眼なのである。「眼」というものをさらに広く研究せよ。「『眼で声を聞く』ことは『耳で声を聞く』ことと同様であるはずだ」「という勝手な思い込み」にもとづいて「眼で声を聞く」ことと「耳で声を聞く」ことを同一視すべきではない。「眼に聴覚機能がある」と考えてはならない。「眼は耳である」と考えてはならない。「眼の中に音が現れるのだ」と考えてはならない。

［略解］

雲巌が「問題は君が『聞こうと』しているところにある」と暗示したときに、洞山は慧忠の「不聞」が「聞こえない」ではなく「聞かない」を意味している可能性に気づいた。すると、自分がそれまで何をしていたのかが見えるようになる。自己の意識を働かせて無情の説法を聞こうとすればするほど、説法は聞こえなくなり見失われてしまうのである。そして、道のないところを無理やり突き抜けようともがいていた自分の姿が見えると同時に、自分自身が立っている場所の背景が明々白々に照らし出された。聞こうとさえしなければ、説法はいつも目の前に――世界そのものとして――ある。洞山は了解する。「眼で音を聞いてはじめて知ることができるのだ。」(23)

右の解釈は洞山の思考の道筋を再現しようと試みたものであるが、この思考過程の背後には「仏経」巻第五段および本巻第十五―十八段の「われわれは『経』という客体に主体として意識的にアプローチすることはできない」という考え方が前提としてある。ちなみに道元はここで「眼処聞声」とは当人にとって実際にどのような状態であるかを説明していないのであるが、筆者の考えるところでは、道元はこの点を次の第二十五―二十七段においてやや暗示的なしかたで扱っている。

洞山の言葉とそれに対する道元の視点については右のとおりであるが、以下にいくつかの細かい点について触れておきたい。

第二十一段の「いはくの無情、なにものなりとかせん。凡聖にあらず、情無情にあらずと参学すべし」という文については第十三段の議論を参照。道元はここでやや強引に「無情」という概念に超越的な位置を与えようとしており、この文が矛盾的な表現となっているのもそのためであると考えられる。

「いま不思議にして太奇なり、また太奇ならん凡夫・賢聖の智慧心識、およぶべからず」という文はやや奇妙であるが、「また太奇ならん」以下は「凡夫・賢聖のうち非常にすぐれた人々の智慧心識も及ぶことができない」という意味に解する。(24)

第二十二段の「天耳」は六神通のひとつであるが、「法耳」の出典は不明。

第二十二段の「すでに声色のほかの一道の威儀なり」は難解であるが、「声」「色」をそれぞれ「音という知覚形式」「色形という知覚形式」と考えると、これは「無情説法は『音』や『色形』といったわれわれのよく知っている知覚形式に属するものではなく、それらとは異なった独立の形式である」という意味であろう。

第二十三段「草木花鳥の往来」という句については、本巻第五段に「愚人おもはくは、樹林の鳴条する、葉花の開落するを無情説法と認ずるは、学仏法の漢にあらず」とあるので、これと同様のことを述べようとしていると考えられる。ただし「往来」という語が正確に何を指しているのかは確定できない。(25)

第二十四段「眼処の聞声は耳処の聞声にひとしかるべきがゆゑに、眼処の聞声は耳処の聞声にひとしからざるなり」という文の意味は明瞭でないが、本巻第四段の「有情の音声および有情説法の儀のごとくなるべきがゆゑに、有情界の音声をうばうて無情界の音声に擬するは仏道にあらず」、および「山水経」巻の「山の運歩は人の運歩のごとくなるべきがゆゑに、人間の行歩におなじくみえざればとて、山の運歩をうたがふことなかれ」(26)といった類似の構造をもつ文と比較して考えると、この文は「甲である。だから乙ではない」という意味ではなく、「『甲という理由のゆえに乙である』のではない」という論理を表現しようとしているのではないかと思われる。すなわち、「眼処の聞声は耳処の聞声にひとしかるべきがゆゑに眼処の聞声は耳処の聞声にひとし」の否定と解する。

古云、「尽十方界是沙門一隻眼」

古云、「尽十方界是沙門一隻眼」。

この眼処に聞声せば、高祖道の「眼処聞声」ならんと擬議商量すべからず。たとひ古人道の「尽十方界」「一隻眼」の道を学すとも、尽十方はこれ壱隻眼なり。さらに千手頭眼あり、千正法眼あり。千耳眼あり、千舌頭眼あり。千心頭眼あり。千通心眼あり、千通身眼あり。千棒頭眼あり、千身先眼あり、千心先眼あり。千死中死眼あり、千活中活眼あり。千自眼あり、千他眼あり。千眼頭眼あり、千参学眼あり。千豎眼あり、千横眼あり。（二五）

古くから言われている、「この世界全体が、修行者のひとつの眼なのである」と。

「ここで言われているような『眼』で音を聞いたならば、洞山の言う『眼で音を聞く』ことになるのであろう」と考えてはならない。たとえ古人の言う「世界全体」「ひとつの眼」という言葉を「正しく学んだとしても、「世界全体はひとつの眼」である「というにすぎない」。「千手観音を思い浮かべてみよ。」さらに千手頭眼があり、千の正法眼があり、千耳眼があり、千舌頭眼があり、千心頭眼があり、千通心眼があり、千通身眼があり、千棒頭眼があり、千身先眼があり、千心先眼があり、千死中死眼があり、千活中活眼があり、千自眼があり、千他眼があり、千眼頭眼があり、千参学眼があり。千豎眼があり、しかあれば、尽眼を尽界と学すとも、なほ眼処に体究あらず。たゞ聞無情説法を眼処に参究せんことを急務すべし。いま高祖道の宗旨は、耳処は無情説法に難会なり。眼処は聞声す。さらに通身処の聞声あり、遍身処の聞声あり。たとひ眼処聞声を体究せずとも、「無情説法、無情得聞」を体達すべし、脱落すべし。この道理つたはれるゆゑに、先師天童古仏道、「葫蘆藤種纏葫蘆」。（二一六）

千横眼がある。

このように［千手観音のそれぞれの手にさまざまな眼があることを考えれば］、［自分の］眼のとどく限りを世界全体と考えたところで、［無情説法を聞くということを］眼において［自分の］体で究明することはできない。［だから、「世界全体はひとつの眼である」という言葉を究明するのではなく、］ただ「無情説法を聞く」ということを眼において究明することを急務とせよ。ここで洞山の言葉の趣旨は、「耳は無情説法に対して不適だ」ということである。眼は音を聞く。さらにまた［眼だけではなく］通身で音を聞くこともあり、遍身で音を聞くこともある。たとえ「眼において音を聞く」ということを体で究明できなかったとしても、「無情の説法は無情が聞くことのできるものである」ということを体で習得せよ。［心身］脱落せよ。この筋道が［今に］伝わっているために、先師天童古仏（如浄）は「瓢箪の種が［育って蔓となって］瓢箪に纏わりついている」

これ曩祖の正眼のつたはれる、骨髄のつたはれる説法無情なり。一切説法無情なる道理によりて無情説法なり、いはゆる典故なり。無情は為無情説法なり、喚什麽作無情。しるべし、聴無情説法者是なり。喚什麽作説法。しるべし、不知吾無情者是なり。(二一七)

と言ったのである。

これが、雲巌の正しい教えが、骨髄が伝わっている説法無情である。「すべての説法は無情である」という道理によって「無情が法を説く」のである。「これが慧忠の問答で」言われているところの「典拠」である。無情は無情のために法を説くのである。何を呼んで「無情」とするのか。知れ。無情説法を聴く者がそれである。何を呼んで「説法」とするのか。知れ。自分が無情であると知らない者がそれである。

［略解］

本書ではテクストを精密に読解し、十分整合的に読まれたテクスト内部の手がかりに基づいて道元の意図するところを再構成するという方法をとっているが、この二一五―二一七段については「仏経」「無情説法」両巻の情報によって道元の意図を読み取ることは不可能のようであり、このため精密に読まれていない諸巻の情報に基づいて道元の意図を推測していくことにせざるを得なかった。こうした事情のため、この部分は本書の他の部分に比べて精度の低い議論となっている。ちなみに考証の過程がかなり複雑になってしまったため、詳細については補注「葫蘆藤種纏葫蘆」および「尽十方界是沙門一隻眼」に提示することとし、ここではその概要のみを述べる。

ここで道元が述べていることがらの多くは、論理よりもむしろ視覚的なイメージにもとづいている。その中心となるイメージのひとつは、第二十六段に引用されている如浄の「葫蘆藤種纏葫蘆」（ヒョウタンの種から育った蔓がヒョウタンの実にからみついて葛藤となっている）である。[27] この句は難解だが、「ヒョウタンの実」を「人間」、「葛藤」を「説法」と考えてみた場合には、「仏経」巻の基本的な世界観に合致した図が姿を現してくる。すなわちこれは、仏の説法（＝世界）の中に存在している人間の姿を示していると考えられる。

もうひとつのイメージは、第二十五段で「千手頭眼」「千正法眼」「通身処の聞声」「遍身処の聞声」といった句によって暗示されるものである。ここで道元の念頭にあるのは千手観音に関する雲巌と道吾の問答である。該当の問答では雲巌が道吾に「大悲菩薩、許多の手眼を用ゐて作麼」と問い、道吾は「人の夜間に手を背にして枕子を摸するが如し」と述べている。千手観音の像には腕の数があまり多くないものもあるが、多くの腕をもつものを眺めてみると、観音は葛藤の中のヒョウタンのように見える。するとこの話は如浄の言葉と同じ視覚的イメージを提示しているらしい。

第二十五段冒頭にある「尽十方界是沙門一隻眼」は、右のふたつのイメージに対置されるものである。この言葉は唯心論的なアプローチを表現しているものと考えられるが、「尽十方はこれ壱隻眼なり。さらに千手頭眼あり、千正法眼あり」云々とあるところから見ると、道元はこれを修行の最終的な到達点ではなく、ひとつの通過点として評価しているようである。おそらく道元の頭にあったのは、「唯心論的な線にそった実践を行っている限り、『自己』というものを消去することができない」という問題であっただろう。自己を消すことができなければ、眼処に聞声することはできない。眼処に聞声するということは、葛藤の中のヒョウタンの実をついに消し去ることなのである。第二十六段に「『無情説法、無情得聞』を体達すべし、脱落すべし」とあるが、この「脱落すべし」はこの点を暗示している。

ちなみに、補注「説法世界論とシミュレーション」で述べているように、「自己を消去した状態」とはいわば「現象世界」というシミュレーションが停止した状態である。道元が「仏経」巻第五段で述べている「尽十方界の目前に現前せるは、これ得是経なり」という言葉はこの状態を指しているであろう。自己を消去すれば時間と空間の制約が消滅し、世界全体が一挙に現前する。つまり、時間と空間の内部において世界を探求することを止め、「現象世界」というシミュレーション全体を停止させて、仏経の総体を現前させることである。伝法はここにおいて可能となる。洞山が「眼処の聞声」と呼んでいるものもこれに類似の経験であるだろう。

第二十七段の「説法無情」は第十三段の「しかあればすなはち、無情説法なり、説法無情なり」を受けている。これについては第十三段における議論を参照。

「いはゆる典故なり」とあるのは、おそらく本巻で扱われた慧忠の問答の直後に「僧云。無情説法。據何典教」という問いかけがあることに関係しているのではないかと思われる。(28)

舒州投子山慈済大師

舒州投子山慈済大師〈嗣翠微無学禅師、諱大同。

明覚云、投子古仏〉《舒州投子山慈済大師〈翠微無

舒州投子山慈済大師〈翠微無学禅師に嗣法した。

諱は大同。明覚は『投子古仏』と呼んでいる〉に、

学禅師に嗣す、諱は大同。明覚云く、投子古仏》》、因僧問、「如何無情説法《如何にあらんか無情説法》」。師曰、「莫悪口《悪口すること莫れ》」。（二八）

いまこの投子の道取するところ、まさしくこれ古仏の法謨なり、祖宗の治象なり。無情説法ならびに説法無情等、おほよそ「莫悪口」なり。しるべし、無情説法は、仏祖の総章これなり。臨済徳山のともがらしるべからず、ひとり仏祖なるのみ参究す。（二九）

僧が質問した。「無情説法とはどのようなものですか。」

投子が言った、「粗暴な口をきいてはいけない。」

今この投子が表現しているところは、まさしく古仏の教えであり、祖師の教令である。無情説法も説法無情も、すべて「粗暴な口をきくな」である。知れ。無情説法とは、仏祖の居所である。臨済だの徳山だのといった連中は知るはずもない。仏祖のみがそれを究明するのである。

［略解］

「莫悪口」の「悪口」とは十悪のひとつで、「粗雑な言葉、人に不快感を与える荒々しい言葉」という意味である。[29] 高崎直道は「莫悪口」を慧忠の「言天下に満つるも口の過なし」に関係づけている。[30] これが投子の原意に沿ったものであるかはわからないが、道元が投子の言葉をこの慧忠の言葉によって解釈した可能性はあるであろう。すなわち、世界は仏の説法なのであるから、「言葉は天下に満ちている」と言うことができる。しかしそれは有情の口から発せられた言葉ではないので、「口の過」はない。逆に言えば、無情説法の必要条件は「有情の口から発せられたものではないこと」である。投子の問答で僧が「無情説法とはどのようなものですか」と尋ねたとき、彼はその口を開いた瞬間に無情説法の必要条件を踏み倒してしまったのである。

奥書

正法眼蔵無情説法第四十六

爾時寛元元年癸卯十月二日在越州吉田県吉峰古寺示衆

同癸卯十月十五日書写之　懐弉

正法眼蔵無情説法第四十六

時に寛元元年（一二四三）十月二日、越前吉田県吉峰寺において示衆した。

同十月十五日、これを書写した。懐弉

註（無情説法 本文・現代語訳・略解）

（1）補注「説法世界論とシミュレーション」で論じているように、説法世界論はコンピューターゲームのアナロジーによってよく理解することができる。この観点から見た場合、この文は要するに「『師匠』も『弟子』も『伝法』も、すべてソースコードに書き込まれたコードとして見ることができる」という意味になるであろう。イメージしやすいように例を挙げるとすれば、画面上で「師匠が弟子に教えを伝える」といったことが行われている場合、対応するソースコードにはたとえばmaster.DoTransmission(mario);などといった記述があるはずである。

（2）拙著『現成公案略解』（東北大学出版会　平成三一年）三一頁では「現成公案す」を「眼の前で仏の道を示す」と解した。「現成（見成）」および「公案」という語の意味についてはさらなる検討が必要と思われるが、関係する『正法眼蔵』諸巻の多くが十分に読解されていない現状ではこの作業はまだ難しい。本書では「仏経」巻と「無情説法」巻のコンテクストにおいてこの語が意味し得るところのものを提示するにとどめたい。

(3)玉城康四郎『現代語訳正法眼蔵』第四巻(大蔵出版、平成六年)一九六頁、および高崎直道「〈無情説法〉考」(『印度學佛教學研究第四十七巻第一号　平成十年』)九頁に従う。この言葉は「行仏威儀」巻に引用されている(岩波文庫版『正法眼蔵』第一巻一六九頁)。

(4)「経は有情にあらず、経は無情にあらず」という句は「諸法実相」巻にも見られる(岩波文庫版第二巻四四〇頁)。また、「十方」巻には「この宗旨は、これ仏経なり。諸仏ならびに仏土は両頭にあらず。有情にあらず無情にあらず、迷悟にあらず、善悪無記等にあらず」という句が見られる(岩波文庫版第三巻二〇九—二一〇頁)。

(5)ただし本巻第十三段に「無情所説無情なり、無情説法即無情なるがゆゑに。しかあればすなはち、無情説法なり、説法無情なり」、第二十七段に「これ曩祖の正眼のつたはれる、骨髄のつたはれる説法無情なり」という文がある。この矛盾については第十三段のところで論ずる。

(6)もっとも道元がこのふたつをはっきり区別していない可能性もあるかもしれない。

(7)ビッグバンと同時に時間が始まったのであれば、「ビッグバン以前」という表現は矛盾してしまう。われわれの言語はこのような事態をうまく表現できないようにできている。

(8)この循環構造によって道元は説法世界論がいわゆる基体説に陥るのを避けているように見える。

(9)このような解釈が道元独自のものであるのかそれとも何らかの伝統に基づいたものなのかはわからな

い。ちなみに法華経方便品の同じ文は「諸悪莫作」巻にも引用されており、そこで道元は「しかあるに、世界によりて善を認ずることおなじからざる道理、おなじ認得を善とせるがゆゑに、如三世諸仏、説法之儀式」と述べている。これはおそらく、「しかし、『善』と認められることが世界によって異なっているということをみればわかる通り、［何らかの特定の実体的性質をもつものを『善』と定義しているわけではなく、単に］同じように［『善である』と］認知されるものを『善』としているのであり、このため『三世諸仏の説法の儀式の如し』と［法華経に述べられているのである］」という意味であろう。「諸悪莫作」巻のこの箇所について『御聴書抄』は「佛出世して、成道するに説法壽命、身量國土、浄穢皆異なる故は、國土にしたがひ、衆生に同ずとならふなり、これを應佛の儀式と云、釋尊一佛の始終につきて、説法のやう、機に隨ひ物によりてこと〴〵也、いかにいはむや、前佛後佛、此佛他佛、浄土穢土、皆以異なるべし」と述べている（『正法眼蔵註解全書』第一巻六二五―六二六頁）。これは基本的に正しい解釈であると思われる。

(10)ちなみに、すべての写本がこの箇所で改行しているのではないようである。『永平正法眼蔵蒐書大成』によっていくつかの写本を確認したところでは、乾坤院所蔵本、正法寺所蔵本（以上同書第一巻所収）、龍門寺所蔵本、寶慶寺所蔵本（以上同書第二巻所収）では改行されておらず、耕雲寺所蔵本、指月寺所蔵本（以上同書第三巻所収）では改行が見られる。

(11)大正蔵四七巻五一九頁下。底本の脚注に『伝燈録』二八とあるのは不正確な記述である。

(12)『伝燈録』の該当箇所は大正蔵第五一巻四三八頁上。『祖堂集』の該当箇所は中華書局中国仏教典籍選刊『祖堂集』（平成十九年）上巻一六八―一六九頁。

(13)この暗黙の問いは、本巻第十三段で論じた「無情性」に関する問題につながっていると思われる。

(14)松岡由香子「道元の「仏向上事」巻を読み解く」(『禅文化研究所紀要』二九、平成二〇年)。「仏向上事」巻で扱われている問題は「仏経」および「無情説法」巻と同じ問題系に属している。この点については本書「解題」の「本書に関連する先行研究」を参照。

(15)小川隆「禅宗語録入門読本二五　雲巌と洞山(中)」(『禅文化』二三八号　平成二七年)一〇五頁。

(16)『正法眼蔵』の中で「諸仏」もしくは「仏祖」と「諸聖」がはっきり区別されている例としては、十二巻本「発菩提心」の「一刹那心、能起一語、一刹那語、能説一字も、ひとり如来のみなり。餘聖不能なり」(岩波文庫本『正法眼蔵』第四巻一八二頁)がある。「出家功徳」巻では「しるべし、「発心出家」すれば「聖者」となづくるなり」(第四巻七六頁)などとも述べられており、この「聖」が「仏」でないことは明らかである。「海印三昧」巻には「いま「承教有言」といふは、仏祖の正教なり。凡聖の教にあらず」(第一巻二六一―二六二頁)という記述も見られる。ただし「仏経」巻には「孔老の教は、わづかに聖人の視聴を大地乾坤の大象にわきまふとも、大聖の因果を一生多生にあきらめがたし」という文があり(第二二段)、ここでは孔子老子を「聖人」、仏を「大聖」としている。

(17)将錯就錯という語については拙稿「即心是仏・心常相滅・自己即仏」(『東北福祉大学仏教文化研究所紀要』第一号　令和元年)を参照。

(18)洞山の偈にも「若将耳聴終難会」とある(第十一段)。

(19)ちなみに慧忠の問答でこれに対応しているのは「我若聞則斉於諸聖、汝即不聞我説法」で、「得」の字がない。(この句の解釈については本巻第九段の議論を参照。)雲巌の言葉と慧忠の言葉は正確に同じことを述べているのではないのかもしれない。

(20)小川隆・池上光洋・林鳴宇・小早川浩大「金沢文庫本『正法眼蔵』の訳注研究（五）」（『駒澤大學禪研究所年報』十七、平成十八年）は「それならば、それがしは、和尚さまの説法を聞かぬことにいたします」と訳している（六七頁）。増谷文雄は「もしそういうことであるならば、わたしは和尚の説法を聞きますまい」。玉城康四郎の訳は増谷と同文である。

(21)底本の校訂者はこの文を「私の方では聞いていない（もしくは聞こえていない）のに、和尚は説法している」と解しているのかもしれない。

(22)実際のところこの部分は、「仏経」巻を先に読んだ読者には単なる重複的な記述のように感じられるであろう。あるいはこの部分が後に加筆されたものである可能性もあるかもしれない。

(23)以上の解釈にはいくらか飛躍があるように見えるかもしれない。われわれはここまで、道元の解釈を再構成しながら「仏経」巻と「無情説法」巻を読んできた。この再構成された道元の視点から見た場合には、雲巌と洞山の問答はこのように理解できる。しかし、道元が建てめぐらした足場なしにこの問答を見た場合になおこのような解釈が可能であるかという問題はあるであろう。この点については補注「牆壁瓦礫」を参照。

(24)岩波日本思想大系本では「いま不思議にして太奇なり、また太奇ならん」の後に句点を置いて文を切っているが、このように解した場合には「太奇なり、また太奇ならん」と繰り返す意図が不明である。

(25)道元は『正法眼蔵』の中で「往来」という語にさまざまな意味をもたせているようであるが、いずれにせよ、草木の「往来」という言葉は少し奇妙である。ちなみにこの語の背後にはさまざまな古インド語を想定することができ（たとえば gatāgata, gatyāgati, gatāgati など）、それらは通常の漢語の「往来」という語よりもやや広い範囲のことがらを指し得る。漢訳経典の中で「往来」がたとえば「草木の成長と枯死」あるいは「揺れ動くこと」などというような意味で使われている箇所が――実際にあるかどうかは確認していないが――もしあった場合、道元がそのような特殊な用法を拾い上げて使っている可能性もある。

(26)岩波文庫本第二巻一八五頁。

(27)鏡島元隆『天童如浄禅師の研究』（春秋社　昭和五八年）三〇七頁「ふくべのつるがふくべにまとわりつく」に従う。

(28)『洞山録』による（大正蔵第四七巻五一九頁下）。『伝燈録』バージョンでは「曰無情説法有何典據」（大正蔵第五一巻四三八頁上）。

(29)岩波『仏教辞典』第二版による。

(30)高崎直道「〈無情説法〉考」（『印度學佛教學研究第四十七巻第一号　平成十年）九頁。該当するテクストは宇井伯壽『第二禅宗史研究』（岩波書店　昭和五七年）三二五頁。

補注

補注一　説法世界論とシミュレーション

「仏経」巻の中心にあるテーマは、「この世界はひとつの巨大な経典であり、われわれは実は経の中の登場人物である」という考え方である。奇妙なことではあるが、われわれはこの考え方をコンピューターゲームのアナロジーによってよく理解することができる。

たとえば主人公（仮に「マリオ」という名前をつけておこう）が鬼ごっこをするゲームがあるとする。このゲームのすべては文字（プログラミング言語）によって表現されている。このプログラムがコンピューター上で実行されると、画面上に世界が描画され、その中でマリオが走り出す。ここで仮にゲームの中のマリオが意識をもったとしよう。（そもそもわれわれには「意識」とは何であるかということがまったくわかっていないので、そのようなことが不可能であるとは断言できない。）すると、マリオはコンピューター上で実行されているゲームの中の世界を「自分がその中に含まれているところの世界」として認識する。これが「経験的世界」としてのマリオの世界である。ここで「マリオの世界とプログラムコード」という図式を「われわれのこの世界」にあてはめてみるとどうなるだろうか。この場合、プログラムコードに対応するのは道元が「経巻」もしくは「仏経」と呼んでいるものであり、マリオの世界（実行されているコンピューターゲームの中の世界）に対応するのがわれわれのこの世界、すなわち「尽十方界」だということになる。要するに道元の考え方はいわゆるシミュレーション仮説によって示唆されているものに似たものである。ただし、説法世界論にはシミュレーター（コンピューター）はない。道元の図式の中にシミュレーターに相当するものを探すとすれば、それは「私」だということになるだろう。「私」が消えればシミュレーションは終わるは

ずである。(1)

ところで、われわれが経の中の登場人物であるのならば、われわれの経験的世界と「経」とは同一のものの裏表だということになる。ここで仮にわれわれの経験的世界を表とし仏の言葉を裏とすると、次のことは自明である。「『表側』にいるわれわれが『裏側』を経験することは不可能である。(2)」言い換えれば、仏経＝無情説法とわれわれ衆生の世界との間に絶対的な断絶が存在するのは、両者が同一のものだからである。道元は「仏経」「無情説法」両巻でこの点について明示的に語っていないようであるが、両巻で前提とされている「衆生と無情説法との間の断絶」という観念の背後にこの命題があったことはほぼ確実であるように思われる。

補注二 「仏経」巻と「諸法実相」巻(3)

「仏経」巻は次のように唐突な始まり方をしている。

このなかに、教菩薩法あり、教諸仏法あり。（中略）これによりて、西天東地の仏祖、かならず或従知識、或従経巻の正当恁麼時、おの〳〵発意・修行・証果、かつて間隙あらざるものなり。(4)

「このなかに」というのが何の中なのかは明示的に述べられていないが、いくつかの手がかりはある。まず、「教菩薩法」という語は法華経のものである。道元はここからさらに「此経開方便門、示真実相」（法師品）、

「必得是経」（勧発品）、「仏智、自然智、無師智」（譬喩品）といった法華経の句を引用しながら話を進めているのだが、このような法華経の文句の大量の引用は本巻と同時期に示衆された「諸法実相」巻にも見られる。この「諸法実相」巻は法華経方便品の「唯仏与仏、乃能究尽、諸法実相」という句をテーマとしており、さらに「出現於世」[5]（方便品）、「初中後善」[6]（序品）、「我及十方仏、乃能知是事」[7]（方便品）、「為説実相印」[8]（方便品）、「諸法実相義、已為汝等説」[9]（序品）、「一切菩薩阿耨多羅三藐三菩提、皆属此経。此経開方便門、示真実相[10]」（法師品）、「法住法位」（方便品）といった法華経の文句を並べているのである。特に両巻で「此経開方便門、示真実相」がキーワードになっているという点は重要であり、このことは両巻のテーマに強い共通性があることを示している。実際のところ、右の「仏経」巻の冒頭部分をたとえば「諸法実相」巻の次の箇所に接続してみたとしてもほとんど違和感はない。

しかあればすなはち、四十仏四十祖の無上菩提、みな「此経」に属せり。属此経なり、此経属なり。蒲団・禅板の阿耨菩提なる、みな「此」に属せり。拈花破顔、礼拝得髄、ともに「皆属此経」なり、此経之属なり。「開方便門、示真実相」なり。[11]

［現代語訳］

このようなことから、［過去七仏から慧能にいたる］四十の仏祖たちの無上のさとりは、みな「この経」に属している。［すなわち法華経の］「属此経」である。［それらは］この経の一部分なのである。蒲団・禅板——それらは無上のさとりそのものなのであるが——といったものも、すべて「これ」に属するものである。拈花破顔、礼拝得髄といった故事も、「みなこの経に属する」のであり、この経の一部分なのである。［それらは］「方便の門を開き、真実のありのままの姿を示す」のである。

奥書によれば「諸法実相」と「仏経」の示衆はどちらも寛元元年九月であるが、日付はない。両巻がもともとひと続きのものであった可能性も検討され得るであろう。このことから、「仏経」巻の「このなかに」は右の「諸法実相」の引用文にある「此経」と同じものを指していると考えてよいであろう。すなわち、「仏経」巻の中で「仏経」もしくは「経典」と呼ばれているものは広義には経典一般を指し得るが、そのうち特に道元の念頭にあったのは、存在のありのままの姿を示す（示真実相）宇宙的経典としての法華経だったのである。

補注三　鳥道に不行

「不行鳥道」という句は洞山の有名な言葉である。「鳥道」とは「鳥の通い路」で、これは「痕跡をとどめぬことのたとえ」だと言われているが、[12]「不行鳥道」という句が何を意味するものであるかはあまりよくわかっていないようである。[13]「無情説法」巻では次の文の中にこの句が使われている。

この説法は法説なり。有情にあらず、無情にあらず。有為にあらず、無為にあらず。有為・無為の因縁にあらず、従縁起の法にあらず。しかあれども、鳥道に不行なり、仏衆に為与す。

ここでは、「鳥道に不行なり」は「仏衆に為与す」と並列的な関係にあり、また直前の文とは逆接の関係にある。すると前後の文意は、「説法というものは（基本的にこの現象世界の内部的存在ではないので）そもそも有情でも無情でもなく、有為でも無為でもない。しかしそれでも〈鳥道に不行であり〉、それは現象世界の内部において仏道を修行する人々のためになるものである」ということになる。ここで〈〉内にうまくあてはまるように「鳥道に不行」の意味を考えてみた場合、この洞山の言葉はここで道元によっておそらく「衆生から遊離しない」（飛び去ってしまうのではない）というような意味に解釈され、使われていると考えることができる。つまり、この世界そのものであるところの説法（仏経）はこの世界の内部に存在しているわれわれの視点からはいわば超越的なものであり、われわれのもっている「有情」「無情」とか「有為」「無為」といったカテゴリーによって思考されることすらできないものなのであるが、にもかかわらずわれわれに無関係なものではまったくない。それはこの世界そのものなのであり、われわれは日々仏経を生きている。したがってそれは「仏衆に為与」するものである。

ただし以上はわれわれが推測するところの道元の解釈であって、この句が洞山によって本来用いられていた意味とはまた異なっているかもしれない。

補注四　牆壁瓦礫

「無情説法」巻の雲巌と洞山の問答において、洞山は「不聞」の理解から無情説法の全体像の理解へと一気に進んでいる（第二一―二四段）。すなわち洞山はここで、無情説法を「聴こう」としている自分の姿に気づき、無情説法とは耳で聴こうとすることによって見失われてしまうものであるということに気づいたのである。筆者はこの解釈が『正法眼蔵』該当部分のテクストに関する解釈として適切なものであると考えているが、これが引用元の『景徳伝燈録』の文脈において可能な解釈であるかどうかというのはまた別の問題となる。というのは、洞山が了解した「無情説法とは聴こうとすることによって見失われてしまうものだ」という論理は説法世界論の「われわれは経（説法）の中の登場人物である」という考え方を前提としているからである。洞山は歴史的に道元に先行する人物であり、少なくとも現時点では洞山が説法世界論を知っていたと考える根拠はない。

『伝燈録』に記録されている雲巌と洞山のこの問答がそれ自体として意味をもつものであると仮定するのであれば、この問答の洞山の頭の中にはこの論理の進行を可能にする何らかの媒介項があったはずである。筆者の考えるところでは、それは慧忠の「牆壁瓦礫」という言葉のうちにある。道元は本巻で慧忠の問答を引用する際に、『洞山録』で「無情説法」というテーマへの導入となっていた部分を省略してしまっているのだが、そこに次のやり取りがある。

国師因僧問、「如何にあらんか是れ古仏心」。
師云、「牆壁瓦礫」。(14)

『洞山録』ではこの後に直接慧忠の「無情説法」問答が続いている。『伝燈録』の対応箇所は次のとおりである。

僧又問ふ。阿那箇か是れ仏心なると。
師曰く。牆壁瓦礫。(15)

慧忠がこの「牆壁瓦礫」という語で環境世界（依報）を指しているものと考えれば、この慧忠の言葉は「われわれは『古仏心』の中に存在しているのだ」という意味に解釈される可能性が――少なくとも潜在的に――あるだろう。この「われわれは仏の心の中にいる」という考え方から「われわれは経（仏の説法）の中にいる」という道元の説法世界論までの距離はかなり短い。すると、これら両者が洞山の無情説法問答において同じしかたで機能し得る可能性を考慮すべきだろう。すなわち、洞山が「不聞」の論理を了解した場面において、（一）説法世界論を前提とする読者はその了解の理由を「なぜなら（道元が言うように）われわれは経の中の登場人物であるから」と理解する。これに対し、（二）説法世界論を前提としていない読者は洞山の了解を「なぜなら（慧忠が言うように）われわれは仏の心の中にある思念の登場人物であるから」と理解することができる。すると、『伝燈録』の洞山の了解が必ずしも説法世界論そのものを前提としている必要はないということになる。

右のように考えた場合にはまた、道元が『洞山録』の慧忠の問答を「無情説法」巻に引用した際に「牆壁瓦礫」の部分を省略した理由を説明することができる。もしこの部分を含めて引用した場合には、慧忠の問答全体が「古仏心」をテーマとした問答になってしまう。道元はこの慧忠の問答を「古仏心」ではなく説法世界論の話にするためにこの部分を省略したのである。

ところで、「われわれは『古仏心』の中に存在しているのだ」という考え方は「所摂蔵」と呼ばれるものであり、これは如来蔵の一形態である。この点については本書「解題」の「仏教史の中の説法世界論」の「(四)如来蔵説と説法世界論」で改めて触れることにする。構造的な観点から見た場合、説法世界論は所摂蔵に極めて近いものである。

補注五　葫蘆藤種纏葫蘆

「無情説法」二十六段には如浄の次の言葉が引用されている。

先師天童古仏道、「葫蘆藤種纏葫蘆」。

この言葉は「葛藤」巻にも引用されているが、興味深いことに道元は「葛藤」巻冒頭の部分で「嗣法これ葛藤としれるまれなり」と述べてこの言葉を引用した後、すぐに菩提達磨の「皮肉骨髄」の伝法の話に移り、さらにこの話への趙州のコメントについて論じて締めくくりとしている。つまり「葛藤」巻の内容はほとんどすべて「皮肉骨髄」の話なのである。このことが意味しているのは、道元の視点から見れば「皮肉骨髄」の話は如浄の「葫蘆藤種纏葫蘆」という言葉とほぼ同値だということであろう。

「葛藤」巻の記述の詳細については筆者にいまだ十分理解できていないことが多いが、注目すべきなのは、道元が達磨の言う「皮」「肉」「骨」「髄」のうち、「髄」のみが正解だと考えているのではないという点である。

しるべし、祖道の皮肉骨髄は、浅深にあらざるなり。たとひ見解に殊劣ありとも、祖道は得吾なるのみなり。その宗旨は、得吾髄の為示、ならびに得吾骨の為示、ともに為人接人、拈草落草に足不足あらず。たとへば拈花のごとし、たとへば伝衣のごとし。四員のために道著するところ、はじめより一等なり。

［現代語訳］
知れ。祖師の言う「皮」「肉」「骨」「髄」は深浅の問題ではない。たとえ［それぞれの］見解に優劣があったとしても、祖師が言ったのは「私の…を得た」ということのみである。その意味するところは、「『私の髄を得た』という教示も『私の骨を得た』という教示も、どちらも弟子を指導し伝法を行うのにまさしく適切なものだ」ということである。［これらはどちらも］たとえば［釈尊から摩訶迦葉への伝法における］「拈華微笑」に相当するものであり、あるいは「伝衣」に相当するものである。四人のために［達磨が］述べているところのものは、はじめからすべて同じなのである。

道元がさらに述べるところによれば、「髄」を得た慧可に対して「君は私の皮を得た」と言っても構わないし、それで必要十分なのだという。

しるべし、たとひ二祖に為道せんにも、「汝得吾皮」と道取すべきなり。たとひ「汝得吾皮」なりとも、二祖として正法眼蔵を伝附すべきなり。得皮得髄の殊劣によれるにあらず。

［現代語訳］

知れ。二祖（慧可）に言ってやるにしても、「君は私の皮を得た」と言うべきである。［そして］たとえ「君は私の皮を得た」のであっても、二祖として正しい教えの核心を伝えるべきなのである。「皮を得た」「髄を得た」という優劣によって［伝法したりしなかったりするの］ではない。

「達磨安心」の話からもわかるように、(16) 達磨はそもそも「皮」の内側のどこかに「心」なるものが実体として存在しているとは考えていない。それなら確かに、「皮」の中にあるものが「皮」より尊いとは言えないだろう。道元の解釈は一見突飛だが、筋が通っている。また、「仏経」巻の「われわれのこの世界は仏の説法そのものである」という視点から見た場合にもやはり、「より重要なものが人間の『内』にあるとは限らない」と言うことができ、さらに、「無情説法」巻において示唆されているように、伝法において伝えられる内容とは師の「皮」の中にある何かではなく、「この世界そのものであるところの説法」である。するといずれにせよ「君は私の皮を得た」は伝法に必要十分だということになるだろう。

「葫蘆藤種纏葫蘆」に戻ろう。この文は「瓢箪の種から生まれた葛藤が瓢箪［の実］にからみついている」という意味だと考えられる。そして道元はこの言葉が「皮肉骨髄」の話と同値であると考えているらしい。では「皮肉骨髄」の話で「瓢箪」に相当するものは何だろうかと考えると、眼につくのはこの話における「皮と心」の関係が如浄の言葉における「葛藤と瓢箪」の関係と同型となっているという点である。すなわち、瓢箪とは人間であり葛藤とは仏の説法であると考えれば、そこに見えるのは仏の説法（＝世界）の中に坐している人間の姿である。瓢箪の実が枯れて腐ってなくなった後には、葛藤の中に瓢箪の形をした穴だけが残るだろう。「皮肉骨髄」の話で提示されているのもこれと同じ図である。「皮」の内側にあった「心」が枯れて消え去った時に、「法」の全体が開示される。道元が「嗣法これ葛藤としれるまれなり」[17]と述べているのはこのためであると考えられる。

補注六　尽十方界是沙門一隻眼

「無情説法」巻第二十五段に、長沙景岑のものと考えられる次の言葉が引かれている。

古云、「尽十方界是沙門一隻眼」。[18]

道元はこの言葉に次のようなコメントを附している。

この眼処に聞声せば、高祖道の「眼処聞声」ならんと擬議商量すべからず。たとひ古人道の「尽十方界」「一隻眼」の道を学すとも、尽十方はこれ壱隻眼なり。さらに千手頭眼あり、千正法眼あり。(中略)千通心眼あり、千通身眼あり。(中略)千堅眼あり、千横眼あり。

右の文は一見したところほとんど意味不明だが、続く第二十六段には次のような文がある。

いま高祖道の宗旨は、耳処は無情説法に難会なり。眼処は聞声す。さらに通身処の聞声あり、遍身処の聞声あり。

これは明らかに雲巌と道吾の「遍身是手眼」「通身是手眼」の問答を参照している。[19] そこでまずこの雲巌と道吾の問答を検討し、その後で「尽十方界是沙門一隻眼」に戻ってくることにしたい。

＊

雲巌と道吾の問答は「観音」巻で次のように提示されている。（書き下し文で引用する。）

雲巌無住大師、道吾山修一大師に問ふ、「大悲菩薩、許多の手眼を用ゐて作麼」。
道吾曰く、「人の夜間に手を背にして枕子を摸するが如し」。
雲巌曰く、「我れ会せり、我れ会せり」。
道吾曰く、「汝作麼生か会せる」。
雲巌曰く、「遍身是手眼」。
道吾曰く、「言ふことは太殺道へり、ただ道得すること八九成なり」。
雲巌曰く、「某甲はただ此の如し。師兄作麼生」。
道吾曰く、「通身是手眼」。

〔現代語訳〕

雲巌無住大師が道吾山修一大師に尋ねた。「大悲菩薩はたくさんの手や眼を用いて何をしているのか。」

道吾が言う。「人が夜間に手を後ろに回して枕を探るようなものだ。」

雲巌が言う。「わかった。わかった。」

道吾が言う。「君はどのように理解したのだ。」

雲巌が言う。「遍身が手と眼だ。」

道吾が言う。「言うことはしっかり言っているが、表現としては八割か九割というところだな。」

雲巌が言う。「私はこのくらいしか言えない。君はどう言う。」

道吾が言う。「通身が手と眼だ。」


「観音」巻における道元のこの問答に関する議論について、筆者に理解できている部分は必ずしも多いとは言えない。しかし、「仏経」および「無情説法」巻の内容と比較した場合に、次のくだりは注目に値する。

雲巌道の観音と、余仏道の観音と、道得道不得なり。余仏道の観音はたゞ十二面なり、雲巌しかあらず。余仏道の観音はわづかに千手眼なり、雲巌しかあらず。余仏道の観音はしばらく八万四千手眼なり、雲巌しかあらず。なにをもつてかしかありとしる。

いはゆる雲巌道の「大悲菩薩用許多手眼」は、「許多」の道、たゞ八万四千手眼のみにあらず、いはんや十二および三十二三の数般のみならんや。「許多」は、いくそばくといふなり。如許多の道なり、種般かぎらず。種般すでにかぎらずは、無辺際量にもかぎるべからざるなり。[20]

［現代語訳］

雲巌の言う「観音」と他の仏たちが言う「観音」と［を比べてみると］、［一方は］言葉で表現しきれたもの［であるのに対し、他方は］表現しきれていないものである。他の仏たちが言う「観音」はせいぜい十二の顔をもつにすぎないが、雲巌［の観音］はそうではない。他の仏たちが言う観音はわずかに千の手眼をもつにすぎないが、雲巌［の観音］はそうではない。他の仏たちが言う「観音」はせいぜい八万四千の手眼をもつにすぎないが、雲巌［の観音］はそうではない。何によってそうであると知ることができるのか。

ここで雲巌の言う「大悲菩薩はたくさんの手や眼を用いて何をしているのか」という言葉の中で、「たくさんの」と言われているのは、八万四千の手眼のみではない。ましてや十二［面］とか三十二［身］、三十三［身］とかいった数のみであり得ようか。「たくさん」とは、「どれほど多くの」ということである。「［正確には言えないが］たくさんのようだ」ということである。それ以上の詳細は述べられていない。詳細が述べられていないのであれば、無限でもあり得る。

ここで目を引くのは、「八万四千」という数である。この数は「非常に多くの」という意味の常用表現であるが、「仏経」巻第六段には「八万四千の説法蘊」という句が見え、さらに「無情説法」巻初段には「この説法、わづかに八万四千門の法蘊を開演するのみにあらず、無量無辺門の説法蘊あり」という文が見えているのに注意したい。特に後者については、「観音」巻のこの箇所での「八万四千」の用法に非常に近い使い方がなされている。すると道元は「許多手眼」という句で、ここでもまた「仏の無限量の説法」を指しているのではないだろうか。

いずれにせよ、「許多手眼」という言葉からは図像や彫刻で表現された千手観音の姿が連想される。そして千手観音像のうち実際に非常に多くの手をもつものをよく見てみると、それはあたかも観音菩薩が茂みのなかに坐っているように見える。つまり、これは補注「葫蘆藤種纏葫蘆」で見た「葛藤に巻きつかれている瓢箪」と同じ図である。するとこれも無情説法の中にいる有情の姿ではないかということになるだろう。

真言宗葛井寺提供の写真に基づき模写

興味深いことに、「海印三昧」巻にはこの雲巌と道吾の問答への非常に多くの参照がある。そのうち極めて重要と思われるのは次の箇所である。

「汝もかくのごとし」といふ、たれか汝にあらざらん。前念後念あるはみな汝なるべし。「吾もかくのごとし」といふ、たれか吾にあらざらん。前念後念はみな吾なるがゆゑに。この滅に多般の手眼を荘厳せり。いはゆる無上大涅槃なり(21)

［現代語訳］

［六祖が南嶽に］「君もこのようである」と言ったが、誰か「君」でない者がいるだろうか。前の思念・後の思念のある人はみな「君」であるだろう。［六祖は］「私もこのようである」と言ったが、誰か「私」でない者がいるだろうか。前の思念・後の思念はみな「私」だからである。この滅に、多くの手眼がともなっている。いわゆる無上大涅槃である。

ここでは六祖と南嶽の伝法の話が雲巌と道吾の話に接続されている。つまり、道元はこの「許多手眼」の話を「伝法」に関係した話として理解しているのである。しかも右に引用した部分では「自我意識の消滅」が主題となっており、これは補注「葫蘆藤種纏葫蘆」で論じたように「伝法」の核心でもある。すると結局のところ、「葛藤」巻における如浄の「葫蘆藤種纏葫蘆」と同巻の「皮肉骨髄」の話、および「観音」巻の雲巌と道吾の話はいずれも「伝法」というテーマに関連した話として提示されており、これらはみな「無情説法」巻の雲巌と洞山の話に接続しているということになる。

＊

「尽十方界是沙門一隻眼」に戻ろう。道元はこの言葉に続いて「この眼処に聞声せば、高祖道の「眼処聞声」ならんと擬議商量すべからず」と述べているので、この「沙門一隻眼」は「無情説法」に直通するものではないらしい。また、「十方」巻に「尽十方界是沙門一隻眼」「これより向上に如許多眼あり」とあるところから見ると、(22)道元はこの「沙門一隻眼」を「観音」巻の「許多手眼」の前段階として位置づけているようである。道元はその次の段落で次のようにも述べている。

しかあれば、尽眼を尽界と学すとも、なほ眼処に体究あらず。たゞ聞無情説法を眼処に参究せんことを急務すべし。

［現代語訳］
このように、［自分の］眼のとどく限りを世界全体と考えたところで、［無情説法を聞くということを］眼において［自分の］体で究明することはできない。ただ「無情説法を聞く」ということを眼において究明することを急務とせよ。

この文の意味は明快とは言い難いが、補注「葫蘆藤種纏葫蘆」の議論を前提にした場合、「尽十方界是沙門一隻眼」という言葉がここで一種の唯心論的なアプローチとして提示されているという解釈が可能であろう。このアプローチは修行のひとつの段階として必要なものではあるが、この線にそった実践を行っている限り「自己」というものを消去することができず、したがって無情説法を眼処に聞くことはできない。無情説法を眼処に聞くには、葛藤の中で朽ちて消える瓢箪のように「自己」を消し去る必要がある。すると無情説法は観音の無限の手眼として姿を現すのである。伝法が可能となるのはこの時なのであろう。(23)

原文対照表（慧忠の問答）

慧忠の問答

祖堂集	景徳伝燈録	洞山録
禅客曰。無情既有心、還解説法也無。	問無情既有心性還解説法否。	僧云。還解説法否。
師曰。他熾然説、恒説常説、無有間歇。	師曰。他熾然常説無有間歇。	國師云。常説熾然説無間歇。
禅客曰。某甲為什摩不聞。	曰某甲爲什麼不聞。	僧云。某甲爲甚麼不聞。
師曰。汝自不聞、不可妨他有聞者。	師曰。汝自不聞。	國師云。汝自不聞。不可妨他聞者也。
進曰。誰人得聞。	曰誰人得聞。	僧云。未審甚麼人得聞。
師曰。諸聖得聞。	師曰。諸佛得聞。	國師云。諸聖得聞。
禅客曰。与摩即衆生應無分也。	曰衆生應無分邪。	
師曰。我為衆生説、不可為他諸聖説。	師曰。我爲衆生説不爲聖人説。	
禅客曰、某甲愚昧聾瞽、不聞無情説法。和尚是為人天師説般若波羅蜜多、得聞無情説法不。	曰某甲聾瞽不聞無情説法師應合聞。	僧云。和尚還聞否。
師曰。我亦不聞。	師曰。我亦不聞。	國師云。我不聞。
進曰。和尚為什摩不聞。	曰師既不聞爭知無情解説。	僧云。和尚既不聞。爭知無情解説法。
師曰。頼我不聞無情説法。我若聞無情説法、我則同於諸聖、汝若為得見我及聞我説法乎。	師曰。我若得聞即齊諸佛。汝即不聞我所説法。	國師云。頼我不聞。我若聞。即齊於諸聖。汝即不聞我説法也。 僧云。恁麼則衆生無分去也。 國師云。我爲衆生説。不爲諸聖説。
禅客曰。一切衆生畢竟還得聞無情説法不。	曰衆生畢竟得聞否。	僧云。衆生聞後如何。
師曰。衆生若聞、即非衆生。	師曰。衆生若聞即非衆生。	國師云。即非衆生。

原文対照表（雲巌と洞山の問答）

雲巌・洞山の問答

祖堂集	景徳伝燈録	洞山録
無情説法、什摩人得聞。	無情説法什麼人得聞。	便問。無情説法。甚麼人得聞。
師曰。無情説法、無情得聞。	雲巌曰。無情説法無情得聞。	雲巌云。無情得聞。
進曰。和尚還聞得不。	師曰。和尚聞否。	師云。和尚聞否。
師曰。我若聞、汝即不得見我。	雲巌曰。我若聞汝即不得聞吾説法也。	雲巌云。我若聞。汝即不聞吾説法也。
		師云。某甲爲甚麼不聞。
		雲巌竪起拂子云。還聞麼。
進曰。与摩則某甲不得聞和尚説法去也。	曰若恁麼即良价不聞和尚説法也。	師云不聞。
師曰。我説法尚自不聞、豈況於無情説法乎。	雲巌曰。我説法汝尚不聞。何況無情説法也。	雲巌云。我説法。汝尚不聞。豈況無情説法乎。
		師云。無情説法。該何典教。
		雲巌云。豈不見。彌陀経云。水鳥樹林悉皆念佛念法。
因此洞山息疑情、乃作偈曰。	師乃述偈呈雲巌曰	師於此有省。乃述偈云。
可笑奇　可笑奇	也大奇　也大奇	也大奇也大奇。
無情解説不思議	無情解説不思議	無情説法不思議。
若将耳聴聲不現	若将耳聴聲不現	若将耳聴終難會。
眼處聞聲方得知	眼處聞聲方可知	眼處聞聲方得知。

註（補注）

（1）筆者の考えるところでは、この点が「無情説法」巻第二五段から二七段の鍵となる考え方である。
（2）これは別の言葉で言えば、「コンピューターゲームの登場人物は、ゲームのソースコードを決して読むことができない」ということである。
（3）この節は拙稿「永遠の物語と一瞬のさとり――道元と臨済」（『印度学宗教学会論集』四七　令和二年）の一部を抜粋し、若干の修正を加えたものである。
（4）岩波文庫版『正法眼蔵』第三巻七四頁。
（5）岩波文庫版第二巻四三四頁。
（6）岩波文庫版第二巻四三四頁。
（7）岩波文庫版第二巻四三六頁。
（8）岩波文庫版第二巻四三八頁。
（9）岩波文庫版第二巻四三八頁。
（10）岩波文庫版第二巻四三九頁。
（11）岩波文庫版第二巻四四二頁。
（12）『禅語辞典』による。
（13）たとえば柳田聖山はこれを「鳥道という固定化を捨てたところ」と解釈しているが（柳田『禅語録』中央公論社　昭和四九年　三六二頁）、その意味するところは明瞭と言い難い。

(14)「古仏心」巻（岩波文庫本第一巻二〇三頁）による。『洞山録』テクストは「僧問。如何是古佛心。國師云。牆壁瓦礫是」（大正蔵第四七巻五一九頁中下）。

(15)原文は「僧又問。阿那箇是佛心。師曰。牆壁瓦礫」（大正蔵第五一巻四三八頁上）。

(16)『景徳伝燈録』三（大正蔵第五一巻二一九頁中）、『永平広録』巻九・頌古八九（『全集』第十二巻二一四頁）。

(17)岩波文庫版『正法眼蔵』第二巻三五八頁。

(18)ちなみに「光明」巻ではほぼ同じ言葉が「尽十方界、是沙門眼」という形で長沙招賢（景岑）の言葉として取り上げられている（岩波文庫版『正法眼蔵』第一巻二八四頁）。この「光明」巻の議論と「無情説法」巻における「尽十方界是沙門一隻眼」の議論が互いにどのように関連しているのかはよくわからない。興味深いのは道元が「無情説法」巻で「長沙云」ではなく「古云」と述べ、また「是沙門眼」ではなく「是沙門一隻眼」としている点である。これはことによると、道元が「無情説法」におけるこの「沙門一隻眼」に関する議論と「光明」巻での長沙の「沙門眼」に関する議論との関係を曖昧にしておきたいと考えていたということを暗示しているかもしれない。

(19)岩波文庫版『正法眼蔵』第一巻四一九―四二〇頁。

(20)岩波文庫版『正法眼蔵』第一巻四二一頁。

(21)岩波文庫版『正法眼蔵』第一巻二五七頁。

(22)岩波文庫版『正法眼蔵』第三巻二一〇頁。

(23)ちなみにこのように解した場合、「観音」巻のこの部分は「現成公案」巻の「万法に証せらる」「万法すすみて自己を修証す」という言葉に接続している可能性がある。（岩波文庫版『正法眼蔵』第一巻五四頁、および拙著『現成公案略解』平成三一年　東北大学出版会　一六―一七頁）。

解題

序論で述べたとおり、本書では、『正法眼蔵』の「仏経」巻と「無情説法」巻をできる限り精密に読解し、われわれに理解可能なひとつの全体像を提示することを試みた。両巻に関する研究は少なくなく、特に個々の語句の解釈について本書はこれらの研究に多くを負っている。しかし従来の研究のうちで、「道元はここで要するに何を言おうとしているのだろうか」という問いに敢えて答えようとするものはあまり多くない。本書において特に意を用いたのは、この「要するに何が言いたいのか」をいかにして抽出するかという点である。

本書に関連する先行研究

「仏経」巻と「無情説法」巻に関係する先行研究のうち筆者がもっとも重要なものと考えるのは、倉澤幸久の『道元思想の展開』である。(1) 倉澤は道元の『正法眼蔵』撰述を「仏向上事」の実践として捉えようと試みており、この議論自体は根本的に誤っていると思われるが、(2) 倉澤はこの(誤った)論証の過程で道元の世界観の核心というべきものを発見している。それは、道元がこの世界の一切を「言語の展開」として見ているという点である。倉澤は『秘密正法眼蔵』(二十八巻本)所収の「別本仏向上事」にもとづいて次のように述べる。(傍線は本書の筆者が付加した。)

ここで説かれているもう一つのことは、仏向上事において言語が重要な意味を持って現れてくることである。[中略]ここには、すべてが言語の面から見られて、この世界の一切が言語の展開として捉

えられる見方が示されている。(3)

仏の音声はあらゆる所、物に及んでいる。時間的にも始終・前後に関わらない。故に諸法（世の中の諸々の存在）はいずれも豊かにこの仏音声の一部を説法している。〔中略〕

このような仏音声・仏の言葉は、我々が普通考える狭義の言葉ではなく、限りなく広がっている一つの地平、あるいは基盤、あるいは全体としてある。それはどこか現実とは別のところにある本来的な地平というのではなく、現実のあらゆる存在が豊かに開演している。それは確かに現実の地平には一部分としてしか現れ得ないのであろうが、その現実の存在を一部分として含みながらその裏にぴったりと裏打ちして限りなく広がっている全体と考えられる。(4)

ここで倉澤は「仏の言葉」が「現実の地平」を「ぴったりと裏打ち」するものであるということを正確に捉えている。倉澤は次のようにも述べている。

仏向上の言葉の世界とは、それはそのままこの形ある現実世界のことであるが、この現実世界に重ね合わせられる仏の言語世界を成立させるのは、坐禅の修行に得られた仏眼である。まずこの意味で、この仏の言葉の世界全体を実現するのは「行」であると言ってよいだろう。(5)

行としての言葉とは仏の言葉であるが、それは通常の言葉概念では捉えられない。それは前節で見たように、限りなく広がっている一つの地平、あるいは基盤であり、その上に世界のあらゆる存在が豊かにその仏の言葉を説き、仏の言葉として存在している、という言葉である。この意味をさらに考えれば、この世界は、仏の眼で見たとき、その真実の相として仏の言葉を根拠とし、仏の言葉として存在している、ということであろう。(6)

倉澤はここで、「別本仏向上事」から『正法眼蔵』の「仏向上事」「仏経」「無情説法」その他の諸巻につながる大きな問題系の一端を掘り当て、その核心が「仏の言葉」であることを見抜いているのである。すなわち、この現実世界は仏の言葉である。われわれの目に見えるもの、われわれが「現実」と呼んでいるものは、仏の言葉そのものである。筆者はこの問題系を「仏経＝無情説法＝仏向上事の問題系」と呼ぶことを提案したい。

倉澤の著作に続く研究に、松岡由香子の「道元の「仏向上事」巻を読み解く」がある。(7) ここで松岡は倉澤が論じた「別本仏向上事」を緻密に再検討し、倉澤が抽出した道元の「この世界の一切が言語の展開として捉えられる見方」の解釈に重要な修正を加えた。倉澤はこの「言語」が人間によって覚知され得るものであると考え、道元の『正法眼蔵』撰述それ自体もそのような「言語」の再生産であるとするのだが、松岡はこれに対して、この「言語」は人間の耳では捉えることのできない不覚不知のものであると考える。

仏向上とは、実は「この世界の一切が言語の展開として捉えられる」その語話を聞くことなのだ。聞くといっても「不覚不知」のところであり、人間の耳には不聞である。(8)

松岡は七十五巻本『正法眼蔵』の「仏向上事」巻の全体をこの「不聞」「不知」「不道」の原理によって解釈している。人間と仏向上の「言語」との間には絶対的な断絶が存在しているのであり、われわれはそれを言語として認識することができない。

松岡のこの論考は「仏向上事」巻の研究として重要なものであるが、仏経＝無情説法＝仏向上事の問題系全体からこれを見た場合、これによってかえってひとつの盲点が生まれている可能性がある。というのは、松岡は倉澤の解釈を単純に否定し去っているために、倉澤の見出したある決定的に重要な点――われわれが生きているこの現実の世界と「仏の言葉」とが裏表をなしているということ――が視野を外れてしまっているのである。(9)

こうした先行研究のコンテクストから見た場合、本書が試みたことは、倉澤の描いた全体像を松岡の批判によって修正し、「仏経」および「無情説法」巻を資料として説法世界論の視点から提示し直す作業であると言うことができる。

「仏経」巻と「無情説法」巻の概要

「仏経」巻で道元が説くところによれば、われわれが生きているこの世界は実はひとつの宇宙的な経典なのだという。この考え方は、われわれ自身もその経の中に記述された登場人物であるということを含意している。経とは仏の言葉である。したがってこの道元の世界観において、現実の世界と仏の言葉とは同一のものの裏表である。このことは道元が「無情説法」巻および「仏向上事」巻で一貫して述べている「不聞」という考え方に論理的な基礎を与えている。すなわち、われわれの経験する世界が表であり仏の言葉が裏であるならば、「表側」にいるわれわれが「裏側」を経験することは原理的に不可能なのである。

本書では右のような道元の世界観を「説法世界論」と呼んでいるが、これは現代のいわゆる「シミュレーション仮説」が示唆しているものにかなり近い考え方である。[10] ただし、シミュレーション仮説を論ずる人々の関心が主としてコンピューターもしくは人工知能に向けられているのに対して、道元の関心は装置ではなく「経」に向かっている。ちなみに道元が「経」という言葉で特に念頭に置いているのは、宇宙的経典としての法華経である。

法華経は道元のもっとも愛好する経典であった。このことは『正法眼蔵』の随所に法華経の語句が引用されていることによっても明らかである。[11] このことは「仏経」巻の記述にやや奇妙な影を落としている。道元が宋で出会った禅師たちの多くは、「教外別伝」「不立文字」を唱える人々であったらしい。道元はこのような人々を経典軽視の輩と見た。道元にとって諸経の筆頭にあるのは法華経である。法華経は道元にとって文字通り世界のすべてである。道元は「仏経」巻の後半全体を費やして激しく執拗に臨済らを罵倒しており、それは一面では臨済宗に対する彼の政治的敗北のためであると考えられる。しかし、道元自身の論理的文脈から見た場合には、それは「教外別伝」「不立文字」といった考え方が彼の説法世界論と両立不能であったことによるだろう。

「無情説法」巻では、道元は無情説法に関するいくつかの問答に対して説法世界論に基づいた解説を加えている。この巻は極めて難解であるが、われわれが再構成した道元の解釈によれば、これらの問答は全体として「伝法」という主題にかかわるものである。すなわち、もしわれわれの経験的世界と仏の言葉との間に絶対的な断絶が存在しているのであれば、そこから必然的に導かれるのは「それでは仏の教えは師から弟子へとどのように伝えられることができるのか」という問題である。道元によれば、説法の中の登場人物であるわれわれにはその説法を「聞く」ことができない。この断絶を超えて法を伝えるには無情説法すなわち仏経を「眼で聞く」ことが必要なのである。道元がさらに如浄の「葫蘆藤種纏葫蘆」の語を引いて示唆するところによれば、この「眼で説法を聞く」ということは自己を消し去って世界に対峙するということを意味しているようである。おそらくここで、「無情説法」巻は「現成公案」巻のテーマに接続している。

仏教史の中の説法世界論

本書の主目的は「仏経」巻および「無情説法」巻をできる限り整合的に理解するところにあり、再構成された道元の思想を仏教史の中に位置づける作業は基本的に本書の射程外にあるが、ここではいくつかの点について、問題の所在のみを簡単に指摘しておきたい。

(一) 慧忠から道元へ

無情説法に関しては中国仏教史の研究者によるいくつかのすぐれた歴史的研究があるが、[12] これらはいずれも『祖堂集』に基づいて慧忠の無情説法問答を論じているようである。ところがこれに対して、道元が『正法眼蔵』の「無情説法」巻で引用しているのは『祖堂集』ではなく『洞山録』バージョンの無情説法問答である。

すでに論じたように、『洞山録』の該当テクストと『祖堂集』『伝燈録』のテクストの間の重要な相違点はほぼ「亦」の一字の有無のみにすぎない(「無情説法」巻第七段の議論を参照)。しかしこの一字の不在によって、『洞山録』の慧忠が示している教えは『祖堂集』『伝燈録』の慧忠のものとは大きく異なったものとなっている(同巻第八―十段を参照)。われわれが再構成したところの道元の解釈によれば、『洞山録』の慧忠が述べていることがらには「表」の意味と「裏」の意味があり、表の慧忠が「諸聖と衆生の間の絶対的断絶」を説くのに対し、裏の慧忠は断絶の存在を認めながらも、その断絶を超えていく道を説いている。これに対して『祖堂集』と『伝燈録』では慧忠の表の顔のみが描き出されており、裏の顔は現れていない。

右の事情が示しているのは、無情説法に関する従来の歴史的研究は――いずれも良心的なものであり、誤りを含んでいるとは言えないが――道元の無情説法には事実上まったく接続していないということである。洞山から道元に至る伝統というものが実際に存在しているとすれば、それは従来の研究のこの死角、すなわち「『亦』の一字の不在」を通って現在に至っているはずである。この点に関しては中国仏教史の観点からの新しい研究が必要である。

(二) 如浄

前項で述べた問題は、如浄という人物に改めて光を当てることの必要性へとわれわれを導くであろう。序論でも述べたとおり、道元は宋での最初の三年間、浙江両岸の禅寺を渡り歩いて良師を探している。その三年間の遍歴の末に巡り合ったのが如浄だったのであり、このことは如浄が何らかの意味で当時の宋の仏教界における特異点をなしていたことを意味しているだろう。前項で触れた「『亦』の一字の不在」に関する知識も、如浄によって保存されていた可能性がある。[13]

(三) 説法世界論と草木成仏説

ランベルト・シュミットハウゼンはその著書 *Plants in Early Buddhism and the Far Eastern Idea of the Buddha-Nature of Grasses and Trees* 第二部において、「草木などの無情が仏性をもつ」という観念の東アジア仏教における歴史的展開について詳細な議論を提示している。[14] 同書は総合的な研究であり、表題にあるように「草木の仏性」に関する極めて広範な資料を集めて分析しているが、われわれの視点から見て興味深いのは、「草木などの無情が個として発心・修行し、さとりを得る」という考え方がほぼ日本仏教においてのみ孤立的に現れており、しかもこの考え方は仏教修行者の実践のあり方に合致していないという指摘である。「草木が仏性をもつ」という考え方自体は華厳経の「宇宙全体が毘盧遮那仏の身体である」という観念から論理的に導き出され得るものである。しかしそこから進んで草木の個性・能動性を認めてしまった場合には、植物を採集して食うという行為が「殺害」と位置づけられることになってしまう。シュミットハウゼンによれば中国仏教は「草木が個として能動的に発心し修行する」という考えの手前で踏みとどまっており、中国仏教における無情仏性の観念は「仏がさとりを得るとき、その仏をとりまく環境も受動的にそのさとりに引き込まれてゆく」という枠組みの中におさまっているという。

ところで、シュミットハウゼンは右の議論において一貫して「個」という観点から日本仏教の草木仏性の問題について考えている。これはもちろん、常識に訴えかける妥当な考え方である。もっとも、本書でわれわれが検討してきた道元の説法世界論の観点から見た場合には、この問題はやや異なった様相を呈する。というのは、説法世界論には「個」というもの、「思考する主体」というものが正しい前提として存在し得ないと考えられるからである。[15] もし誰かが仏になったとしたら、それはその人物が心のはたらきから離れ、「個であること」から完全に自由になって「経」に還ったということを意味しているだろう。[16] 言い換えれば、ある存在が「個」である限りそれは仏ではない。そしてまた、仏になろうと努力している存在は、それが草木であれ人間であれその努力そのものによって「個」に縛られてしまい、仏であることを妨げられてしまうはずである。つまり、説法世界論とは仏への道を「個」の視点から考えることを無効化するフレームワークなのである。

ここで草木成仏説の代表者を安然としよう。右のような補助線を使って考えてみると、安然・道元・シュミットハウゼンの三者の位置関係はかなり明瞭なものとなる。[17] 安然は「人間と無情の間には基本的な違いはない」という前提から出発し、当時の「心の哲学」の路線に乗って「草木もわれわれと同じように有情性をもつ」と考えるのであるが、[18] この安然の思考はシュミットハウゼンによって完全に無力化される。これに対して道元は「個の心」というものの外に立った議論を構築し、「われわれ人間も草木と同じように無情性をもつ」と考える。この道元の思考は基本的にシュミットハウゼンの批判の射程外にある。[19]

もっとも以上の議論は、安然の思考がそれ自体として無価値だということを意味するものではまったくない。「草木が個として能動的に発心し修行する」という形での草木成仏説は確かに仏教という枠組みの中ではほとんど意味をなさないのであるが、教理的な枠組みを取り払ってしまえばそれは画期的な思想である。生物学の領域における近年の諸研究は、従来「意識をもたないもの」（すなわち無情）とみなされてきた植物や菌類が化学物質や電気信号によって相互にコミュニケーションを行っていることを明らかにしつつある。言い換えれば、植物や菌類は――意識をもっていると言うことはできないにしても――知性を有していると言うことができるのである。[20] この場合、草木はある意味でわれわれ人間と同質の存在だということになるだろう。平安時代の人々はもちろん植物が発している化学物質や電気信号のことを知らなかったはずであるが、植物の生態や植物群落の遷移などを観察し、それらを擬人的に理解することを通じて、それらの背後に何らかの知性が存在していると考えた可能性は十分にある。そして、「草木は知性をもつ」と考えるのなら、「草木も発心する」と考えるのはむしろ自然なことである。もし安然の思考過程に何らかの欠点があったとすれば、それは彼が伝統的な仏教教理の枠組みにとどまり、あくまで既存の教理の解釈によって問題を解決しようとしたという点のみであろう。結果として、草木成仏説は単なる「仏教内部の異端説」にとどまってしまった。安然らはむしろ、伝統的な枠組みを超えて「心の外にある知性」というテーマを追求すべきだったのである。ちなみに、このテーマは単に草木の問題のみに関係しているのではない。たとえば人工知能も「心の外にある知性」である。安然と比叡山の学僧たちはいわば今から千年前に、来たるべき人工知能に向かって「われわれと一緒に成仏を目指そう」と誘いかけていたのである。

(四) 如来蔵説と説法世界論

補注「牆壁瓦礫」で触れたように、構造的な観点から見た場合、説法世界論は所摂義の如来蔵説(所摂蔵)に極めて近いものである。[21] すなわち説法世界論は「世界のすべては仏の説法であり、われわれ自身もその中の登場人物である」と考えるが、これに対して所摂蔵説は「世界のすべては仏の心のうちに含まれており、われわれ自身もその中にある」と考える。ここで前者を後者の派生型とみなすことに特に問題はないであろう。もう少し具体的に言うならば、たとえば『大乗起信論』の如来蔵説を所摂義として解釈した場合、[22]『起信論』の「心真如」と「心生滅」はそれぞれそのまま説法世界論の「経」と「尽十方界」に対応する。すると、説法世界論は『起信論』で提示された「迷いとさとりの根源的な同一性」という主題に新しい表現を与えたものだと言うこともできるだろう。

ちなみに、松本史朗がその著書『道元思想論』において「仏性顕在論」と呼んでいるものには所摂蔵説が含まれているように見える。たとえば、松本の引用する『弁道話』第十問答において道元が実際に説いているのは、おそらく所摂蔵である。[23]松本の議論はその一見奇妙な用語法にもかかわらず、如来蔵に関する道元の考え方を基本的に正しく捉えている。[24]松本はまた「仏性顕在論」の系譜をいわゆる天台本覚説の諸文献にさかのぼって論じているが、これらも実際には所摂蔵である可能性がある。さらにまた、山川智応と間宮啓壬の解釈にしたがって日蓮『観心本尊抄』の「一念三千」を「久遠本仏の一念三千」と解釈した場合には、[25]日蓮もまた所摂蔵にかなり近い立場をとっていたと考えることができるかもしれない。これらのことが示唆しているのは、天台本覚思想と鎌倉新仏教に関する田村芳朗の所説には全面的な見直しが必要になってきているということである。

（五）無情説法と法身説法

本書で扱った「仏経」および「無情説法」巻において、道元は「無情説法」という概念を「仏経」という概念に接続し、事実上両者を同じものとみなしているのであるが、この操作の結果として道元の「無情説法」は密教の「法身説法」に極めて近い概念となっている。両者のこの類似性に着目した先行研究としては、坂東性純「法身説法と無情説法」がある。[26] 坂東の論文における道元の「無情説法」巻の解釈はわれわれの解釈とは一致していないが、論文自体はこの問題に関する今後の議論のためのひとつの出発点となり得る予見的なものである。「仏経」「無情説法」両巻を著すにあたって道元が法身説法を意識していなかったとは考えられず、道元がいかにして釈迦仏と法華経をいわば宇宙論的に再構築したかを考える上で、密教との比較は今後重要なものとなるであろう。

註（解題）

（1）倉澤幸久『道元思想の展開』（春秋社、平成十二年）。

（2）倉澤は「仏の言語」と道元の言葉を安易に同一視してしまっている。この世界を構成している仏の言語はそもそも人間には理解不能なものである。この点については後述の松岡由香子による批判を参照。倉澤はさらに「道元の註釈の理の言葉がもう一つの仏祖の言葉となり、仏祖の言葉とともに遊戯し始める」「そのようなテキストは、それに対し苦労して理を追ってみたとしてもあまり意味がないと思われる、全体的なものとなる。それは言葉の世界がそれだけで自立的にそこに定立されたのである。そこには完璧な閉鎖的世界が形成される。その中では、すべては輝きを帯びて肯定される、何の新しいことも、何の外なるものも無い、すべてが同語反復である世界である。それは本覚的世界であり、再び時間のない一つの広がりとなる」（同書一八一―一八二頁）などと述べているが、こうした考え方には筆者は賛同しない。

(3)倉澤一七一頁。ただしこれに続いて述べられる「この仏の言語を展開する試みが、道元の『正法眼蔵』撰述であっただろう」という考えにはまったく賛同できない。実際のところ、倉澤はテクストの解釈において多くの誤りを犯しているのであるが、倉澤の画期的な功績はこれらすべての誤りを補って余りあると筆者は考えている。

(4)倉澤一七三―一七四頁。ちなみに倉澤の解釈に含まれている誤読については以下に挙げる松岡由香子の論文を参照。

(5)倉澤一七七頁。

(6)倉澤一七九頁。

(7)松岡由香子「道元の「仏向上事」巻を読み解く」『禅文化研究所紀要』二九、平成二〇年。

(8)松岡七三頁。

(9)これについては松岡の議論自体に誤りがあるわけではない。この点は「仏向上事」巻からはあまりよく見えないのである。道元は「仏向上事」巻で「不聞」の問題について主として実践的な観点から論じているが、「言葉」と「現実世界」の関係については言及していない。これに対して倉澤が主たる資料とした『秘密正法眼蔵』所収の「別本仏向上事」はこれら両方について述べており、このため倉澤の議論では仏経＝無情説法＝仏向上事の問題系の全体が射程に入っている。

(10)補注「説法世界論とシミュレーション」を参照。

(11)『正法眼蔵』のいくつかの巻に見られるように、道元には法華経について語っていると感情的になって歯止めがきかなくなってしまう傾向があったようである。この道元の「感情」の問題については拙稿「永遠の物語と一瞬のさとり――道元と臨済」（『印度学宗教学会論集』四七　令和二年）を参照。
(12)代表的なものとしてたとえば齋藤智寛「唐・五代宋初の禅思想における無情仏性・説法説」『集刊東洋学』八一（平成十一年）がある。
(13)如浄に関する研究としては、鏡島元隆『天童如浄禅師の研究』（春秋社　昭和五八年）、何燕生『道元と中国禅思想』（法蔵館　平成十二年）がある。
(14)Lambert Schmithausen, *Plants in Early Buddhism and the Far Eastern Idea of the Buddha-Nature of Grasses and Trees*, 2009, Lumbini International Research Institute.
(15)『弁道話』に「しるべし、仏法はまさに自他の見をやめて学すなり」とある（『正法眼蔵』岩波文庫版第一巻四一頁）。『正法眼蔵』にも類似の記述が多くあるが、わかりやすい例としては「大悟」巻に「いはく、仏知者あり。これは生知にあらず、学知にあらず。自他の際を超越して、遮裏に無端なり、自他知に無拘なり」（岩波文庫版第一巻二〇九頁）、「他心通」巻に「いはんや国師の身心は、大小にあらず、自他にあらざること、しるべからず」（第四巻二二頁）などといった記述がある。
(16)「経に還る」というのは道元自身による表現ではなく筆者のものである。この表現はいわゆる「心常相滅論」に近い響きをもっているかもしれないが、両者は同じものではない。心常相滅論では「不生不滅の性海に証入する」ことが終着点なのであるが（岩波文庫版『正法眼蔵』第一巻一四二頁）、道元においては終着点というものはない。
(17)シュミットハウゼンはほぼ宝地房証真と同じ視点をとっているので、「安然・道元・証真の三者」と言ってもよい。

(18)末木美文士『草木成仏の思想』(サンガ文庫　二〇一七年)七五頁以下、同『平安初期仏教思想の研究』春秋社　平成七年)三七七頁以下。

(19)ただし本書の関係各所で論じたように、道元の議論は若干の不整合を含んでいる。

(20)この点に関する興味深い一般書として、ステファノ・マンクーゾとアレッサンドラ・ヴィオラの『植物は〈知性〉をもっている』(NHK出版　平成二七年)などがある。

(21)所摂義については高崎直道『如来蔵思想の形成』(春秋社　昭和四九年)二二頁、吉津宜英『大乗起信論新釈』(大蔵出版　平成二六年)一〇八頁以下を参照。高崎によれば、「所摂」という観念は厳密に言えばインド思想の中にはないという。

(22)吉津宜英前掲書一〇八頁以下を参照。この場合、『起信論』・慧忠・洞山・道元が一直線上に並べられる。ただし、吉津の解釈は『起信論』の原意に沿っていない可能性がある。吉津の根拠は『起信論』の「真如自体相者［中略］名為如来蔵、亦名如来法身」(大正蔵第三二巻五七九頁上)というくだりで、吉津はこれを「真如の自体と相は」と読んでいるが(吉津一一四頁および一一七頁)、大竹晋によれば「体相」は一語で「体」の同義語だという(『大乗起信論成立問題の研究』国書刊行会　平成二九年　一九六頁)。吉津が挙げている別の箇所「法身如来之蔵」(大正蔵同五七九頁中、吉津一一五頁)に関しては『入楞伽経』に「一心者名為如来蔵、入自内身智慧境界」という文があり(大竹二〇四頁)、これは明らかに所摂義ではなく能摂義である。おそらく、慧忠や洞山は『起信論』を(意図的にもしくは単純に)誤読したのであろう。筆者はこの誤読から禅思想のひとつの大きな流れが発生したのではないかと想像している。

（23）松本史朗『道元思想論』（大蔵出版　平成十二年）一―三頁。および二五―二七頁。

（24）ただし筆者は松本とは異なり、如来蔵が特別に悪いものだとは考えていない。また、説法世界論に関して言えば、それは松本の言う「基体説」にも当てはまらないように思われる。仏が経を生産し、経の中に仏そのものが記述されているのであれば、仏と経の関係は循環的なものとなるからである。つまり説法世界論は基体説ではなく循環説である。

（25）間宮啓壬「「己心」の二重性、「開け」としての「受持譲与」――日蓮の一念三千」『日蓮仏教研究』第十二号（令和三年）四―六頁を参照。

（26）『仏教における法の研究』（平川彰博士還暦記念会編　春秋社　昭和五十年）所収。

あとがき

『正法眼蔵』の「仏経」巻と「無情説法」巻を統一的に解釈するというこの研究の基本的な構想が頭に浮かんだのは四年ほど前のことです。今日ようやく「あとがき」を書くところまで来ました。この間に色々なことがあったはずなのですが、不思議なくらい何も覚えていません。コロナ禍であまり人に会わなかったためかも知れません。

本書の執筆にあたって、何燕生先生には中国語の「聴」と「聞」のニュアンスについて大変有益なご教示を頂き、間宮啓壬先生からは天台・日蓮の教義についての深い見方を教わりました。真言宗葛井寺様からは御本尊の国宝千手観音の写真の模写と掲載を御許可いただきました。曹洞宗地蔵寺の神野哲州老師には絶えずご指導と激励を賜りました。小林直之氏はじめ東北大学出版会の皆様には出版に関することがら全般にわたって大変お世話になりました。皆様に深く御礼を申し上げます。妻アニクと娘たち、および千手観音の挿絵を描いてくれた甥の早川龍之介にも謝意を表したいと思います。

本書の出版にあたっては曹洞宗地蔵寺から費用の一部を得ました。関係の皆様方に御礼を申し上げます。

本書には、論文「「仏経」と「無情説法」――世界とはどこにあるのか」(『大谷哲夫先生傘寿記念論集』令和四年)としてすでに発表された部分が含まれています。また、『印度学宗教学会論集』第四七号(令和二年)に掲載された拙稿「永遠の物語と一瞬のさとり――道元と臨済」の一部に若干の修正を加えて、本書の補注「「仏経」巻と「諸法実相」巻」としました。

著者略歴

早川《はやかわ》　祥賢《しょうけん》（敦《あつし》）

東北福祉大学特任准教授。曹洞宗地蔵寺徒弟。東北大学文学部卒（印度学仏教史）。
Ph.D（Radboud Universiteit Nijmegen）

道元《どうげん》『正法眼蔵《しょうぼうげんぞう》』
仏経《ぶっきょう》・無情説法《むじょうせっぽう》　略解《りゃくげ》
A Commentary to Dōgen's Bukkyō and Mujōseppō

2023年2月24日　　初版第1刷発行

著　者　早川　祥賢

発行者　関内　隆

発行所　東北大学出版会
〒980-8577　仙台市青葉区片平 2-1-1
TEL：022-214-2777　FAX：022-214-2778
http://www.tups.jp　E-mail:info@tups.jp

印　刷　東北大学生活協同組合
〒980-0845　仙台市青葉区荒巻字青葉 468-1
東北大学みどり厚生会館内2階
TEL：022-262-8022

ISBN978-4-86163-382-9　C3015
定価はカバーに表示してあります。
乱丁、落丁はおとりかえします。